PUHUA BOOKS

我们一起解决问题

企业内部控制架构设计实操手册

王海荣 著

人民邮电出版社

北京

图书在版编目（CIP）数据

企业内部控制架构设计实操手册 / 王海荣著. -- 北京 : 人民邮电出版社, 2019.8(2023.8重印)
ISBN 978-7-115-51632-9

Ⅰ. ①企… Ⅱ. ①王… Ⅲ. ①企业内部管理一手册
Ⅳ. ①F272.3-62

中国版本图书馆CIP数据核字(2019)第140904号

内容提要

内控及管理体系的巩固与实施可以推动企业的管理工作，使其更加规范、高效，可以提升组织的运营效率，提高公司治理水平。做好内部控制架构设计是搭建内控体系的第一步，也是最重要的一步。

本书作者拥有十多年的内控实践经验，先后供职于制造业、咨询服务业等多个行业。本书从顶层设计、中层设计和底层设计三个层面介绍了企业如何实施内部控制架构设计。书中的每一章都以作者亲历的一个故事或案例开头，通过理论学习和实战模拟，让读者知其然又知其所以然，帮助读者建立起符合其所在企业实际的内部控制体系。

本书适合内控从业人员、企业管理者、财务相关专业师生以及对企业内控感兴趣的读者阅读。

◆著　　　王海荣
责任编辑　贾淑艳
责任印制　彭志环
◆人民邮电出版社出版发行　　北京市丰台区成寿寺路11号
邮编 100164　电子邮件 315@ptpress.com.cn
网址 https：//www.ptpress.com.cn
涿州市般润文化传播有限公司印刷
◆开本：700×1000　1/16
印张：14　　　　2019年8月第1版
字数：250千字　　2023年8月河北第5次印刷

定　价：59.00元

读者服务热线：（010）81055656　印装质量热线：（010）81055316
反盗版热线：（010）81055315
广告经营许可证：京东市监广登字 20170147 号

推荐序

信息时代，一个微信群其实就是一个部落。它将距离遥远、彼此独立、毫无血缘关系的一群人紧密联系在一起，如内控同行，他们有专业的 Jargon（行话），有独特的 DNA（内控），有集体的 Wisdom（智慧），你 get（接收）不到他们的点，你就是部落外的人。观念不一致的时候有人翻脸甚至退群，沉淀下来的人，慢慢就成了朋友。

第一次认识海荣是在微信群里。我们工作之余聊家常、开玩笑、谈文艺，慢慢地熟悉起来；更多的时候会谈谈工作中的困惑，讨论专业难题。

2018 年，我参加完国际内部审计师协会（IIA）会议后，带回了一些资料进行翻译整理。其中有一页 PPT，是关于钱伯斯“让审计成为‘值得信赖的顾问’”的论述，有几句话的翻译我拿不准，于是发到群里，被她修改为：“善分析的标准化审计；有计划的远程审计；有想法的高级用户；可分享的最佳实践。”这几句话生动形象、贴切完美地表达了原文的意思，真正做到了信、达、雅。这是我第一次见识海荣的才华。

在完整阅读海荣的书后，我看到了她更多的“面”。

一是勤奋

如今，“黑天鹅”事件频发，企业家们如同坐在火山口上，不知道自己哪一天会被哪一件风险事件打击，不约而同地陷入一种焦虑状态。此时，内部控制就是企业家们迫不及待要抓住的救命稻草。

各行业不乏优秀的内控案例，但是很多内控火花、好的内控方法，都没有得到整理和汇总。积累不够，就不会系统梳理；传承不足，就不会汇聚智慧。

很多行业精英们试图将各自的案例汇聚在一起，集大家的智慧形成专业书籍，但是海荣却一个人潜心修炼、独自总结，这的确难能可贵。

二是专业

什么是内部控制？内部控制是确保有关法律法规和规章制度贯彻执行等而制定与实施的一系列控制方法、措施和程序。内部控制是一项专业、系统的工程。每个企业的内部控制流程都有自己的序列结构，或者说个性特色，别的企业拿来就用可能会“水土不服”。但是，内控理念、内控思想是相通的，有些内控方法和内控流程也是可以互相借鉴的。

做实务工作的人写起书来往往难以跨越理论的鸿沟。而海荣的第一本书《内控总监工作笔记》，就是将平时工作中的体会一点一滴地积累下来，整理成书，以实务、案例来讲解内控，独到、实际、专业。

三是系统

从她的第二本书《企业内部控制架构设计实操手册》里，我看见了她的成长。她已经从零星地记录工作感受，转变为尝试系统性地设计内部控制架构。本文分为三个层次，也是内部控制架构设计很重要的三个方面。

一是做好内部控制架构的顶层设计，内控和内审一样，都应该具备前瞻性，与企业战略目标保持一致，为实现管理层的战略意图提供制度、流程、工具等的基础保障。

二是充分利用信息系统搭建内控框架。我们曾经也尝试过关于风控一体化的信息系统建设，充分体会到建设这样一项系统工程的困难，并意识到做好数据治理、统一管理语言对建设内控体系的重要性。因此，用系统工具规范经营行为是内控发展的必经之路。

三是保证内控执行。我同意内控体系是定制化较强的系统性工程，它是简单的，在于制度流程的相对固定性，但也是复杂的，在于市场环境、企业决策、经营行为的多变性。因此，内控体系设计的复杂度应该上升到人性的高度、文化的高度。

厉以宁教授讲过，“同甘”的时候靠的是制度、规矩来约束人，“共苦”的时候光靠制度约束是不够的。企业经营遇到困难时需要精神把员工凝聚在一起，这时候道德的调节作用就应该被放在首位。因此，要做好内控，“诚信与合规”的意识必须根植于企业文化。

总之，我认为，一个实务工作者除了做好本职工作，还能够潜心梳理业务、总结传承，做好理论研究的尝试，她值得我敬佩。

我愿意为海荣助力。

黄　红

四川长虹控股集团有限公司审计部副部长

西南科技大学、西南财经大学校外导师

2019 年 7 月 10 日

前言

靠写书成名不现实，靠写书发财更不现实，但靠写书迅速结识更多有趣的人尤其是同行同好，却是个捷径。我的上一本书《内控总监工作笔记》的出版，让我结识了一批内控同行。我们会在一起探讨专业方面的问题，说说各自都在读什么书，聊聊家里的“熊孩子”，讲讲诗和远方。有句话没说错：一个人走得快，但是一群人走得远。

之所以萌生写这本《企业内部控制架构设计实操手册》的念头，也是源于同行们日常的困惑和讨论。阅尽千万流程和表单还是不会做内控，循着业务流程、跟着指引做出来的竟然不是老板想要的内控，做了多年内控却仍旧找不到成就感、价值感甚至是存在感。

为什么会这样？因为企业的内部控制和其他管理实践不一样，缺乏方法论将直接导致“说起来头头是道，但做起来完全找不着北”“怎么做怎么错，最后开始自我怀疑”这样的结局。为什么我们的企业内控缺乏方法论？因为国内的实践刚起步，没有成熟的路径可资借鉴。

做好内部控制架构设计是企业搭建内控体系的第一步，也是最重要的一步。《企业内部控制架构设计实操手册》没有对操作规范的解读，也没有现成的表单或量表可以照抄，更多的是从顶层设计、中层设计和底层设计上提供一些可拓展的维度，作为企业实施内部控制架构设计的落脚点和着力点，毕竟企业内部控制架构设计的定制化程度很高。希望这本书能给读者以启发，帮助读者建立起符合其所在企业实际的内部控制体系。

本书分为三大部分。第一部分论述如何从顶层进行企业内部控制架构的设计，内容分为两章。第一章介绍企业内部控制的上层路线该怎么走，如怎么从企业的管理层与决策层那里挖掘企业的内控需求并将其列入企业的内控计划，怎么从管理层与决策层那里获得必要的人、财、物、信息等资源，以及如何维护与管理层和决策层的关系；第二章则重点关注企业内部控制的前瞻性，介绍两项检查：一是内控方向与战略方向的一致性检查，二是企业现有能力与战略所期望能力的匹配度检查。

第二部分论述如何为企业内部控制架构设计打造坚实的数据底层。在人类社会步入移动互联时代的今天，数据已经成为企业重要的资产，也是企业内部控制必须依赖的重要资源。本部分内容共分两章。第三章阐述企业管理信息系统的规划设计，介绍如何规划数据框架，如何设计运营管理信息系统中的功能模块。第四章介绍企业数据池的养和用，涉及数据的收集、维护与持续更新、使用与运营等。

第三部分论述企业内部控制架构设计与运营中间层的实务操作。这也是本书篇幅最长的一部分内容，共分为五章。第五章介绍如何搭建内控执行的基础架构，建立职能本位，打造内控执行网络。第六章则介绍如何制定个性化的内控解决方案，如把握落地的时机，寻找合适的落地点，顺势而为、因人制事、因事制宜，轻鉴证、重咨询，充分体现内控对职能部门的价值。第七章介绍如何扩展内控执行的人际圈层，让内控人员走进其他部门，搞清楚它们的“痛点”和“痒点”，寻找并培育内控执行的关键据点。第八章重点关注内控执行的度，定期复盘，在刚柔之间、变与不变之间、职能模块之间、制度与流程之间、规划与设计之间寻求平衡。第九章则以一个案例解析总结前八章所列举的主要内容。

如果说《内控总监工作笔记》更多的是对内控工作的观察、心得与总结，那么《企业内部控制架构设计实操手册》就是一部操作指南和“战地实录”。本书的每一章都以笔者亲历的一个故事或案例开头，引领该章的内容，通过理论学习和实战模拟，让读者知其然又知其所以然。因此，在这里请读者在阅读时注意每章内容背后的思维逻辑和操作细节。

希望本书对内控人士有所帮助，帮助大家找到内控架构的建立基础，厘清内控架构的建立策略和方向，并选择合适的内控执行路径。若读者能在阅读本书的同时结合内控实践进行思考、探索与尝试，那么将会收获更多。愿我们能为打造堡垒级的企业内控做出自己的一份贡献！

感谢贾淑艳编辑的辛苦工作，没有她大概不会有这本书的付梓！感谢这些年在工作中遇到的老板和同事们，没有你们大概不会有今天的我！感谢马志强老师对我的肯定和鼓励！感谢家人的理解和支持，有你们我才能一往无前，无所畏惧！

谨以此书献给在企业内控道路上坚定前行的你和我！

目录

第一部分　企业内部控制与顶层设计 / 1

第一章　企业内部控制的顶层设计路线图 / 3

第一节　企业内控需求的挖掘 / 5

第二节　获取顶层资源支持 / 16

第三节　顶层关系维护 / 34

第二章　企业内部控制的前瞻性从哪来 / 39

第一节　内控方向与战略方向的一致性检查 / 41

第二节　企业现有能力与战略所期望能力的匹配度检查 / 49

第二部分　企业内部控制与数据底层设计 / 61

第三章　管理信息系统的铺谋设计 / 63

第一节　管理信息系统的框架搭建 / 66

第二节　管理信息系统模块的运营 / 79

第四章　数据的养和用 / 87

第一节　养数据：数据采集与持续更新 / 89

第二节　用数据：数据利用与产品开发 / 96

第三部分　企业内部控制与运营中间层设计 / 109

第五章　搭建内控执行的基础架构 / 111

第一节　建立职能本位 / 113

第二节　打造执行网络 / 122

第六章　制定内控执行的个性化解决方案 / 131

第一节　找好落地点 / 133

第二节　把握落地的时机 / 139

第三节　顺势而为 / 142

第四节　轻鉴证、重咨询 / 146

第七章　扩展内控执行的人际圈层 / 154

第一节　联结利益相关方 / 156

第二节　完善内部信息沟通系统 / 161

第三节　寻找并培育内控执行的关键据点 / 166

第四节　做事重要，做人更重要 / 172

第八章　把握内控的度 / 179

第一节　刚柔并济 / 181

第二节　变与不变之间 / 188

第三节　几组平衡 / 193

第九章　案例解析 / 202

后记 / 211

第一部分

企业内部控制与顶层设计

企业内部控制号称“一把手工程”，即企业建立有效的内部控制体系并发挥效果必须得到“一把手”的支持。企业高级管理层需要为企业内控“谱调子、定战略”。在实战中，一家重视内部控制的企业，会在内控部门成立之初就有意识地将其视为企业治理的一部分，将内控部门打造至满足公司需求的水平。内控部门的负责人则需要“找支撑、想办法”，达成高级管理层提出的愿景。

第一章

企业内部控制的顶层设计路线图

写在开头的故事

没做部门经理之前，每年看到经理下发的内控工作计划，我内心都很困惑。为什么我们认为重要的、要做的项目被删减得不剩几个，倒是有一堆完全陌生的甚至是奇怪的工作事项列在计划里？有时候问起我们的经理来，他只说是老板的要求，老板有老板的考虑。私下里，同事们没少嘀咕，认为我们的经理在“拆烂污”“捣糨糊”。

那一年，我晋升部门经理。恰逢年中，内控计划如期进行到一半。其后不久，事业部的总经理和集团的内控总监先后离任。接下来的半年是我职业生涯中最难挨的半年。按例行程序，我们请示事业部的总经理和集团的内控总监是否要修订内控工作计划，但均未得到明确或有意义的意见和建议。于是，我们就按年初制订的内控计划推进。不料，正常可以顺利推进的内控项目因为各种各样的原因受阻。需要其他部门配合的时候，相关人员说：“不好意思，新老板有新指示，实在没有能抽得出的人手……”即便对方能提供支持，也会与预期的有很大差距。在我们需要得到老板支持的时候，老板会就原来的项目给一些框架性的意见，实质授权的部分远不如预期，甚至会陆续提出一些新的要求并增加一些新的内控项目。结果，到年底总结的时候，我们无奈地发现后半年的内控计划完成度不高，质量也远不如前半年。

经过半年的挫败、沉淀和思考，在新任内控总监的提点下，在那年年底做下一年的内控工作计划之前，我们先向总经理办公室了解了新修订的战略规划和下一年度的年度经营计划，揣摩事业部新任总经理的工作需求，提出以后的内控工作方向以及下一年度计划推进的内控项目，然后与他进行了沟通，并随后对工作方向和下一年度内控计划进行了增删。如此，接下来的内控工作计划又得以正常推进了。只是，回头一看，这工作计划又是一份下属眼中“让人困惑”的工作计划。

由故事引出的

企业内部控制需要顶层设计，需要从公司治理的层面在全局上寻求内控问题的解决之道。顶层设计，本是一个工程学术语，其本意是统筹考虑项目各层次和各要素，追根溯源，统揽全局，在最高层次上寻求问题的解决之道，对项目的各个层次、要素进行统筹考虑，以集中有效资源，高效快捷地实现目标。顶层设计是自高端向低端展开的设计方法，核心理念与目标都源自顶层，因此顶层决定底层，高端决定低端。顶层设计强调设计对象内部要素之间围绕核心理念和顶层目标所形成的关联、匹配与有机衔接。

顶层设计看上去宏观、系统，似乎遥不可及，实际上真要做起来，也一样是要从基础做起的。每一件大事的背后，都是无数琐碎的小事。一个销售总监做成了几千万元的大单，这看起来遥不可及，追根溯源却是对投标文件每个字的拿捏，是与产品部门数百次的邮件和电话沟通，是无数琐碎却必不可少的对细节的把握。一个新业务流程建立和完善的背后，是对过去诸多数据的挖掘，是对成千上万条业务记录的筛选分析，是对系统开发部门和供应商每一个细节参数的细抠，是对信息系统一次又一次的修改与完善。成功基本上与运气无关，都是从点滴小事开始，从细枝末节开始。只是成功的人能以小见大，走对方向，把握主干。

本章分三节梳理内控的顶层设计路线图，从宏观上、全局上、系统上把握企业内控的需求，统筹有限的资源，有效地实现企业内控目标，发挥企业内控应有的作用。该路线图主要分三步走：第一步是挖掘精准又务实的企业内控需求，第二步是争取满足这些需求所需要的支持，第三步是维护与各级管理层的良好关系。本章的三节内容分别对应这三个步骤。

第一节 企业内控需求的挖掘

我在自己的微信订阅号“内控者言”中曾讲过一个故事。

某日，一位内控同行找到我，说有事相求。这位同行从外企跳槽到了民企，同样做内控，其直属上司是内控总监，该内控总监做财务出身，对公司业务和财务工作都很熟悉。内控总监对他寄予厚望，希望他能把外企成熟的内控模式植入企业中。他未入职前踌躇满志、意气风发，但数月不见，完全换了一副模样，全身都透着焦虑和颓丧。原来是工作上不太顺利，甚至影响了他的生活。虽然入职半年，成功过了试用期，但他的上司对他的工作成果并不认可，连他自己都觉得不能过关。他每天绝大多数时间都在办公室看流程、检查控制点，但所有的发现都是所谓的“鸡毛蒜皮的小事”。他一个劲儿地追问我“该怎么办”，完全搞不清工作思路和工作方向。高级管理层都关心什么，他无从得知；限于层级，对公司的主要风险、公司管理层主要关注的领域他也不清楚，连业务都没摸熟。于是他开始怀疑民企不适合自己，开始怀疑自己的能力和当初的选择。但我告诉他，他只是没找对合适的路径，没有养成内控工作思维，建议他从熟悉业务和业务人员开始，把80%的时间花在办公室之外；另外，要多和内控总监沟通，了解高级管理层的关注点以及对内控部门的期望。

相信在内控的从业道路上，我们或多或少都曾有过这样那样的困惑、迷茫、彷徨甚至是犹疑，渴望成长，但总觉得自己资历太浅、层级太低，又苦于找不到上升的路径，不知道该如何垫高自己的基石。我建议从大处着眼、细节着手。做内控既要沉得下去，又能浮得上来，也就是说一方面要深入一线，了解、理解与把握相关岗位员工的做法、想法和选择，另一方面又能跳出具体的操作细节，立足于职责部门、业务流程梳理、看待和调整相应的控制活动、控制点和控制体系。细节的部分将在后面的章节中阐述，本章主要阐述宏观的部分。

内控需求挖掘的“诗外功夫”

古人云：“功夫在诗外。”一首诗的好坏、高下是由作者的经历、阅历、见解、识悟所决定的。功夫在诗外，但意旨在诗内。唯其诗外功夫扎实而又充分，诗才能不朽。那么，企业内控需求挖掘方面的“诗外功夫”包括哪些呢？

培养跨界的战略思维

做内控的人都知道风险评估，都熟悉风险点检查。然而，风险点清单只是工具，如何发挥作用，在于使用工具的人，在于使用工具的人的思维模式。

维珍将围绕ATM机产业的一条龙服务做到了极致，业务涉及外包装、安防监控甚至软件，打造了ATM机的Wi-Fi网络，帮银行的支行一级打造APP，甚至做起了ATM机的地产生意。就是这样，它拿下了很多银行的业务，战胜了不少同行和对手。但也正是这样，让它局限在ATM机产业里，输给了一个不用现金的时代。

内控工作者应该把目光放长远、放全面。若“只见树木不见森林”，局限于过程控制、程序设置等微观层面，基于此视角开展工作的增值效用就十分有限。因为在移动互联时代，我们很难知道终结一个企业或一个行业的是谁，又来自何方，也可能完全没有反应的时间，待看到刀光已然避无可避，只能引颈受戮。组织边界正在打开，原有的产业、行业、企业都在变化整合，企业只有不断地在变化中敏锐地感知风险、把握机会，才有可能活下来，才有成长的机会和可能。

具体来说，我们需要跳出微观，看向中观，看向宏观，关注科技的、社会的、行业的相关的或不相关的领域的信息。具体有三大途径。

一、若有经费预算，可以购买一些权威的、及时的调研报告，进行研读与思考。

二、尽可能链接更多领域的从业者和专家，可以加入一些专业讨论社群。因为这些社群通常信息密集度很高，参与者可以相互得到启发。

三、可以关注一些相关的或不相关的微信订阅号，以及一些媒体、出版单位和相关部委的官微等。我惯常浏览的有“环球时报”“经济观察报”“21 世纪经济报道”“企业管理杂志”“人民邮电出版社”“中信出版集团”“科学出版社”“虎嗅”“大数据文摘”等。另外，我们还可以充分利用一些 APP 的推荐功能，把 APP“训练”成工具宝典。

通过以上途径，我们可以获取足够多的信息量，可以看到同行的思考。然后，我们可以结合企业的战略规划，从战略的角度进行跨界思考训练，培养跨界思考能力。最后，我们可以将其落实到企业内控实务，而后进行布局谋划。

扫好自己的“门前雪”，关注别人的“瓦上霜”

组织边界的不断开放，组织实体的快速整合，使我们都需要克服埋头眼前琐碎工作、无视环境变迁所带来的企业管理需求变化的工作惯性，除了要扫好自己的“门前雪”，还要关注别人的“瓦上霜”。

内控工作者对外要关注所在行业的科学技术的发展变化、市场环境的变化、相关政策法规的更新情况。如果不了解技术、网络安全、宏观经济、法律法规等带来的广泛的战略风险，我们就不能给我们的企业提供至关重要的“一瞥”。在日常工作中，我们应该做个有心人，留一只眼睛看向客户、看向竞争对手、看向供应商，把握企业业务的全价值链，通过直接的或间接的渠道，了解他们的经营状况及其变化。

内控工作者对内要了解企业的重大经营事项执行情况、战略调整、业绩完成情况，知晓并理解董事会或高级管理层的抱负、操守、价值观和行动路线，关注其他部门的难点和痛点。也许这些就是太平洋一端那只扇动翅膀的蝴蝶，在将来的某一天会带来美国得克萨斯的一场龙卷风，带来企业的组织变革。即使不至于引起彻底的大变革，也可能是重要的内控风险点和改善点。

总之，关起门来假装“岁月静好”是不现实的，也是不安全的一种行为。

理解资源分配者的需求和意图

目前，虽然有些企业（如华为、海尔、海底捞等）将决策权由上层转移到负责具体事务的底层，也有一些企业号称打造平台型组织甚至生态型组织，但毋庸讳言，企业的组织架构还是以金字塔型的居多。这决定了企业资源的分配者在哪、分配的原则和规则是什么，可以说是企业内部控制的“红绿灯”和“指挥棒”。但是，无论是哪一种权力架构，有一点是肯定的，那就是都需要内控部门理解资源分配者的需求和意图。

让我们以经典的金字塔型组织为例，分析如何理解资源分配者的需求和意图。首先确认资源分配者是谁。在金字塔型组织中，权力和责任呈现不断向上集聚的状态。在这样的组织中，掌握着组织资源的人在顶端。内控人员尤其是部门负责人需要知道高级管理层的关注点以及对内控部门的期望，并充分理解其意图。毕竟金字塔型组织中高级管理层需要对组织运行的结果负责，其意志代表着组织利益。而企业做内控的目的就是为实现组织目标提供合理保证。理解组织资源分配者——高级管理层的需求和意图是挖掘内控需求的直接路径，也是内控部门需要完成的规定动作之一。

陆游说："纸上得来终觉浅，绝知此事要躬行。"所谓"功夫在诗外"，就是要强调"躬行"，到生活中广泛涉猎，开阔眼界；再把对生活的感悟、见解加进诗篇里，这样才能成就不朽。对于内控工作者来说，培养跨界战略思维、对利益相关者的观察和了悟、对资源分配者需求和意图的理解，最终要落实到对内控需求的挖掘中，只有这样才有现实意义。

企业内控需求挖掘

企业对内控需求的挖掘，可以从常规性内控需求和非常规性内控需求两个方面来进行。

常规性内控需求

所谓常规性内控需求，是在已有内控框架下提出的需求，旨在使现有的内控框架更加充实、完善和系统化，扩大其范围和内涵，精确化其细节。常规性内控需求具有的特点是它可以在已有内控框架的范围内加以解决。

所涉及的业务领域可按如下原则切分。

九大业务循环：

销售和收款循环

采购与付款循环

薪酬循环

生产循环

固定资产循环

投资循环

融资循环

信息系统循环

研发循环

《企业内部控制应用指引》中所提的18项业务：

组织架构

发展战略

人力资源

社会责任

企业文化

资金活动

采购业务

资产管理

销售业务

研究与开发

工程项目

担保业务

业务外包

财务报告

全面预算

合同管理

内部信息传递

信息系统

常规性内控需求框定的范围是现有的业务领域。常规性内控需求旨在对企业的日常流程进行检查、评估和优化，多采用自下而上的收集方式。可按如下风险次序罗列：

前一到两年内检查出有问题的；

此前三年从没出现过问题的；

按照通常的检查频率进行轮换；

某项业务的某个点或某几个点。

年复一年地做某项业务的内控检查，试图提升或优化，哪怕是换不同的小组不同的人去操作，都可能陷入“疲劳”的境地，或跳不出旧有的框架，或浮于表面，或失去应有的警惕。此时，内控工作者可以将某项业务进行进一步细分，将内控检查做细做深，钻进去，找出“线头”，顺藤摸瓜，会有不一样的发现。

非常规性内控需求

除考虑常规性内控需求外，内控工作者更要思考如何挖掘与企业战略规划相关的，具有更高价值含量的非常规性内控需求。所谓非常规性内控需求，是在跳出日常的业务流程之外甚至是超出已有内控框架而提出的需求。

非常规性内控需求可能的来源途径有以下几种。

来自法律法规或政府层面的监管要求

新颁布生效的法律法规、行政规章等，如近些年不断变换的财税政策、2014 年生效的新修订版《公司法》、“三公经费”管理、《关于进一步推进国有企业贯彻落实“三重一大”决策制度的意见》等。

企业战略要求

企业战略要求不仅存在于明文公布的企业战略规划文件中，我们还可以从公司的重大会议纪要、高级管理层或实际控制人的重要谈话中发现和挖掘。

董事会或高级管理层的特别要求

一般而言，因为人的认知有一个形成过程，或者出于保密的需要不能直接披露，但又需要做一些准备，所以在一项制度或管理措施出台之前，董事会成员、高级管理人员往往会有相关的预备动作。内控人员尤其是内控部门的负责人应与关键人物适时进行沟通，以便做相应的调整或提前安排资源；应具有一定的敏感性，能感知到这些要求的迹象。敏感性从哪来？一要熟悉业务，二要熟悉关键人物，三要研究分析。

高风险岗位或人员的监管需要

高风险岗位是指由于岗位职责的特殊性及存在思想道德、外部环境和制度机制等方面的实际风险，可能造成在岗人员不正确地履行行政职责或不作为，构成失职渎职、“以权谋私”等严重后果的岗位。举例来说，企业运营中存在人力资源管理权滥用的风险，如对员工的任用、提拔、调动和学习培训安排等权力，都可以用来索贿、受贿；还存在财务审批权滥用的风险，如资金的使用、财产管理等是腐败、舞弊的根源之一；也存在舞弊的风险，对于重大事项决定权，主要有工程招标、政府采购、财产处置等，如果工作职责不到位、不作为、作为不当、作为不到位，都会导致舞弊的发生。一般来说，企业里都是因事设岗的，当然也有例外，有些岗位是因人设岗的，这样的岗位会天然缺少一些监督和牵制，风险自然会较高。除岗位特质外，还需要考虑人的风险。虽然人岗匹配是根本，但实践中不完全匹配是常态。人是挑着用的，甚至有些是凑合着用的。对于那些因为匹配错位导致的风险，内控人员需要特别关注。例如，对于身处资产管理和审批岗位的、家庭负担重或短期内有重大资金支出的人员，内控人员可以将其提升到内控检查的优先位置；对于身处采购或销售岗位的、开拓精神十足但规则意识不强的负责人或团队，内控人员可以将其提升到内控检查的优先位置。

小道消息流传广的业务领域、工作岗位或人员

俗话说："苍蝇不叮无缝蛋，无蜜不招彩蝶蜂。"没有平白无故出现的事情，任何事情的发生都是有原因的。小道消息流传太多的业务领域、工作岗位或人员往往预示着风险的存在。

经过以上对常规性和非常规性两部分内控需求的分析，内控人员可以得到一份内控需求清单，如表 1-1 所示。内控人员在每年 10—11 月时可以对其进行检查和罗列，以备编制下一年的内控计划。我习惯于一直保留这份清单，定期检视，并在有非常规性内控需求事件出现时及时增加或调整风险等级。如此一来，便可以保持这份清单的动态更新，降低了因遗忘所导致的少列需求的风险，同时也可以看到历史需求的出现和去除的痕迹，有助于还原思考的背景并获得敏感度。未来的需求有时会来自对过往的总结和梳理。我们需要一种工具或线索，帮助我们跨越时空去捡拾记忆，去连接思考的断点。

表 1-1　企业内控需求清单示例

序号	日期	分类	内控需求	等级	备注
1	YYYYMMDD	法律事务	合同管理制度遵循性检查	I	因内控审计合并检查故暂不关注
2	YYYYMMDD	内控环境	按照《××市委办公室　市政府办公室关于在全市开展作风建设自查自纠专项行动的通知》中的要求落实	II	
3	YYYYMMDD	管理信息系统	增加集团内控审计整改措施中的系统修改需求	II	
4	YYYYMMDD	运营管理	预算执行跟踪体系检查（因盛传有统计结果不实的情形发生）	II	
5	YYYYMMDD	战略管理	数据平台框架搭建	III	
6	YYYYMMDD	投资管理	投后管理的完善	III	
7	YYYYMMDD	市场方面	新业务孵化情况监控措施完善	III	
8	YYYYMMDD	采购管理	集团采购管理办法修订对公司供应商管理的要求变动	II	
9	YYYYMMDD	财务管理	财税〔2018〕32 号文增值税税率调整后检查	I	
……	……	……	……	……	……

第二节 获取顶层资源支持

本章开篇故事里的我会在开始的时候举步维艰，很大程度上是因为缺乏顶层资源的支持。职场中没有傻瓜，老板们的侧重点在哪儿，老板们支持谁，由什么决定考核，利益点在哪儿，大家都心中有数。

在绝大多数企业里，资源的分配权是自上而下设置的。内控资源的分配权相对来说更加集中，层级也更高，有的直接来自董事会，有的来自高级管理层。就算在新型的组织架构（如平台型组织、流程型组织和网络型组织等）中，“游戏规则”也是由顶层制定的。内控部门若要实现部门价值，就必须体现对企业的价值，获取顶层资源的支持。

我们经常看到有的公司内控部门要啥有啥，呼风唤雨，成果累累；有的公司内控部门要什么没什么，不需要承担什么责任，当然工作成果也乏善可陈。假如让内控部门要什么有什么，那么理想的资源清单应该包括哪些内容呢？

必要的授权

通过授权获取权力

权力是指有权支配他人的强制之力，是职责范围内的支配力量。权力总是与服从联结在一起。任何社会都是一定权力和一定服从的统一。这些权力包括对制度和流程修订的审核权以及对管理信息系统的查阅权。

对制度和流程修订的审核权

拥有对制度和流程修订的审核权，内控部门就可以对制度和流程的修订说“是”或“否”，或者提供建议方案，充分发挥内控的咨询功能。内控部门应将内控嵌入业务流程中，变成绕不过的点，而不是动不动就“体外循环”，使内控成为最后收拾烂摊子的那一位。

> 正如我在《内控总监工作笔记》第六章中讲过的一个小故事。“曾经有一位同行拍的一张图，至今让我记忆犹新。图片展示的是一辆机场清洁车严丝合缝地停在划定的黄色框线内。清洁阿姨要做的就是按照操作手册的要求，把车停在框线里。若是为了清扫的方便而随意停放，就可能妨碍其他工作的正常进行，如阻挡通勤车的正常运行或阻挡旅客的正常行进等。而划定框线的人则纵观全局，负责整个流程与区域的设计，保证各行其道，互不妨碍。”内控部门就是组织内的“划线人”。

管理信息系统的查阅权

内控部门或人员应获得管理信息系统的查阅权，包括可以查看采购、生产、研发、资产、销售、人力资源、财务等数据信息，如此才可以了解和知晓基本情况，否则就像听觉障碍者和视觉障碍者，如何完成组织划线呢？如何找到需求点和建议方案呢？

我曾经和一位供职于某行业前几位的企业里的同行聊天，他竟然不知道所在企业一年的营业收入，更遑论其他的财务数据和业务数据了。据我所知，这位同行的职务相当于中层管理者。也不知他们的内控计划是根据什么做出来的，更不知他们的内控建议是否真的对组织有用，这无异于盲人摸象。也许对这样的企业来说，内控部门的设立只是为企业立面旗子而已，并非真的要起什么实际作用。

信息是当前及以后最重要的资源。拥有资源就拥有权力，拥有信息的量和质在很大程度上决定了权力的成色。

取得授权意味着组织地位

对内控部门来说，其组织地位由以下因素决定。

一看在组织架构中所处的位置，由谁直属。内控汇报对象的组织地位通常决定了内控的组织地位。举例来说，如果你由总经理直属管理，就拥有“专属直奏，上达天听”的权力，那么即便有人要“告黑状”，给你“穿小鞋”，你也通常会有个申辩的机会，而不至于死都不知道怎么死的。

二看权力决定的地位。内控部门通过获得权力来初步确定所处的地位。虽然说有为才有位，但有位也是有为的条件之一。

对通透的人，内控人员需要深藏自己的职位、权力，但对那些不知所谓的人、对那些肤浅的人，职位、权力却很好用。如果有一条便捷的通道可选，那又何乐而不为呢？

人、财、物、信息等资源

我们永远在和资源约束做斗争，从来不会觉得资源是充足的，以至于有了经济学这门学科，专门研究如何追求约束条件下的利益最大化问题。无论做什么，人、财、物的资源支持都必不可少，现如今还需要再加上“信息”这一重要资源。越往上走，内控人员越会发现想要做的事有很多，但却缺人、缺钱、缺物资、缺信息。管理的意义就在于，在有限资源的约束下考虑人的差异并研究人的偏好，以达到效益最大化。**若从内控的角度对这几类资源的重要性进行排序，我的顺序选择是：信息 > 人 > 财 > 物。**

信息资源

按来源分，信息可以分为外部信息和内部信息。有些企业或企业中的某些岗位会对员工的上网权限作限制，会对员工能访问的网站作筛选限制。内控部门首先需要争取让管理层对内控人员解除这样的限制，否则无法获得外部信息。

相比于外部信息，内部信息的控制力度更强。出于维护信息安全的考虑，组织通常都会对人员的权限进行管控。首先，签订保密协议。其次，让所有员工只能得到用于其思考与做决定的必要信息，这体现在管理信息系统的权限上，如对员工所能查看的范围作限制，有的限定只可查看本人所提交的系统记录，有的限定只可查看本部门相关的系统记录，抑或只可查看、不可导出、不可打印等。

内控需要得到相应授权，以获得对内部信息的查阅权限。内控部门也应该是受控的，但相应的信息获取权限应能保证内控业务的具体开展，能保证内控人员及时、准确、全面地了解和知晓公司的情况，以便适时提供适当的管理建议。

外部信息清单，包括但不限于以下内容：

宏观经济：国民经济核算数据、财政税收数据、金融保险数据、PMI、CPI、PPI 等

宏观政策：行业相关政策、货币政策、财税政策

科学技术：新技术、已有技术的新应用

社会文化：社会热点、流行元素

产业与行业：动态信息、趋势研究

客户

供应商

竞争对手

合作伙伴

……

内部信息清单，包括但不限于以下内容：

战略决策信息：战略规划、组织架构、企业文化、公共关系、社会责任

财务信息：投融资、预算管理、财务报告、税务管理、担保、关联交易

法律信息：合规、知识产权、法律纠纷、合同管理

运营信息：人力资源、研究与开发、新业务开发、销售、采购、制造、存货、信息系统、安全生产、环境保护、职业健康

……

人的资源

除信息资源之外，最重要的就是人的资源了。纵有千般美妙绝伦的想法和方案，如果没有团队去经营管理，没有人手去推动落地，都是白搭。而且人这一资源相比于其他资源，最大的特征是有主观能动性，其不仅是因变量，大多数情况下还是个自变量，还可以利用信息、财、物资源创造更多的产出。人的资源如此重要，所以向老板要人手是内控部

门负责人必须要学会和精进的技能之一。

我们需要解决的基本问题是投入产出比的问题，基本的“套路”就是让老板觉得“你所要的”值“你所能给的”。老板心里都有杆秤，不断在衡量投入、产出是否对等，亏了还是赚了。你得思考老板在意的是什么，老板想要的是什么，有什么是你能给的，有什么是只有你能给的；再思考老板为他想要的愿意付出什么，给你几个人，几个什么样的人。

我们公司曾经有一个很重要的并购项目，集团总部特意从海外派了一位负责该并购项目的项目总监A过来。项目前期，我们有个小团队参与其中。后来，项目总监A决定向事业部总经理B要人。接下来的一幕，A在以后的几年里讲了一遍又一遍。

> A：老板，我想从您这儿要一两个人过去。
>
> B：（一边打字一边头也不抬地说）可以呀！说，你想要谁，我都可以给。
>
> A：那我要C。
>
> B：（停住手，抬起头，说）这个不行，除C之外都行。
>
> A：那这样，您另外给我一个人。还有，C一周去四天。
>
> B：（盯着他，思忖着说）可以。但是C只能一周去三天，最多两个月。
>
> ……

从这个例子里，我们可以看到A的“精明算计”，也可以看出B对项目和对C这个人的看重。A、B双方博弈的结果就是取个中间值。

人这一资源的衡量指标除了数量，更重要的是质量。质量的控制点在于选、用、育、留四点。人员的选聘是人的初始化，决定框架。人员的任用就是充分利用人的差异与偏好，把合适的人用在合适的地方，并考虑人的欲望与成长需求，拟订人的成长与发展计划。再就是人员的完善升级，即人员的培养和训练，其不仅要关注专业技术层面的培养，还要关注思维方式和视野方面的培养。最后是如何留人，留住有用的、想留的人，淘汰不合适的人。人力资源管理是管理学的一个分支，远不是一段话所能概括的，限于本书的篇幅不作展开，仅就选人育人略作阐述。

关于内控人员的自我修炼，可参看拙作《内控总监工作笔记》的第十一章“内控人的金刚钻”中的阐述。此处只提示两点。

一、从见识入手。人的见识决定了人的认知层次，人的认知层次决定了思维方式和行为准则，也决定了工作和生活的高度。一个有见识的人，通常都会具备良好的个人素质，既通情达理也遵守规矩，更会时刻在意周围的环境，尊重别人的感受，考虑做事的后果。一个人的见识，决定了这个人能看多远，决定了这个人最终能走多远。见识的高低，取决于我们的环境和对不断突破自己现有眼界的追求。勤奋上进、虚怀若谷和心怀远方的人的见识，会随着时间的沉淀，变成他们构建人生智慧、获得幸福和成功的阶梯。提高自己的见识和认知，追求个人的意义和幸福感，才是迈向成功的基石。

二、从自我控制入手。内控人员得是个对自己有要求的人，即富有责任感、有企图心的人。内控的工作内容以项目制为主，例行的、重复的、简单的工作内容很少，内控人员必须充分调动自己的主观能动性，主动发现问题，想办法解决问题。在一个眼睛里看不到活儿的人看来，内控部门可以很闲，甚至没有存在的必要。于项目化的工作而言，每一个内控人员都是一个项目经理，会涉及目标、时间、成本、质量、人力资源等方面的管理，协调各方资源控制过程以达成预定的项目目标是必需的技能。技术、工具和方法是一部分，责任心是另一部分，也是最重要的部分。

物质资源

物质资源包括硬件和软件两方面。

一方面是硬件。一是办公地点。其实，我很喜欢开放的工作环境，喜欢和大家打成一片，这也是了解和融入职能部门的重要渠道。但是不得不承认，独立的办公室有时候是身份和地位的“象征”。二是独立的、自有的打印机、复印机等办公设施。我不推荐内控人员使用公用的甚至是租用的打印机，以避免不必要的解释和泄密的风险。三是计算机。对我们现在必不可少的办公工具——计算机来说，内控人员需要相对高配的计算机，包括处理器、硬盘、存储及其配套的最新版本的办公软件等。

另一方面是软件。一是必要的管理软件，如 OA 办公系统、管理信息系统（如 ERP、SCM、CRM、PLM 等）、报表系统、Cloud、SaaS 服务等。另外，近些年陆续有风险管理软件或内部控制软件面市，内控人员也可以适当地谨慎使用。二是适当的培训与成长计划，包括提供相应的预算、制订职业发展计划、关注团队建设等。

认可

根据马斯洛需求理论（如图 1-1 所示），人人都希望自己有稳定的社会地位，希望个人的能力和成就得到社会的承认。每个人都希望有地位、有威信，受到别人的尊重、信赖和高度评价。马斯洛认为，尊重需求得到满足，能使人对自己充满信心，对社会满腔热情，体验到自己活着的用处、价值。

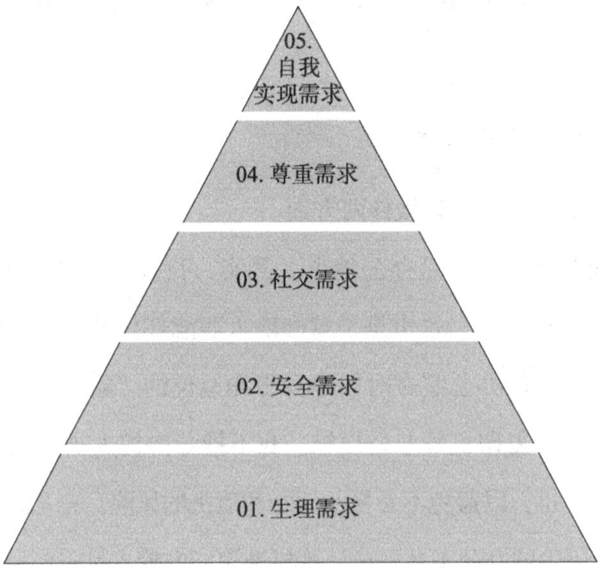

图 1-1　马斯洛需求理论

对内控工作而言，获得顶层的认可，不仅意味着尊重需求的满足，更是获得顶层资源支持的必要条件之一。从顺应人的本性而言，人们总是倾向于喜欢与自己观点一致的人或事，哪怕理智告诉他们这对目标有害无益。“我知道你说的都对，但你说话的样子让我讨厌。”是最糟糕的情形。

引用猎豹移动董事长兼 CEO 傅盛先生的话，我们应“先了解一下老板是个什么物种”。

在工作场合，所谓老板，不管是 CEO 或部门管理者，他越优秀，就越不应该是一个人格意义上的人，而是一个职位意义上的人。

第一，他未必比你聪明，但一般情况下，他的见识和判断比你强。

他的信息渠道优于你，信息质量和数量超过你，犯过的错误也比你多，应付过的复杂考验、见过的大场面可能也比你多。

第二，你的老板会犯错，但他做对的概率比你大。你没有到他的层级，你很难想象他拿到的信息和判断的依据。从概率来说，他做出正确判断的概率肯定比你大。

第三，他很忙，但对于重要的事情他比你更有时间。每个人都天生认为自己很重要。如果你觉得老板不理你，可能是你表达的东西他认为不重要，或者你没有让他觉得重要。这还是沟通的问题。

第四，他的职位要求比你高，所以你认为重要的事情他往往不在意。经常会有人说："你怎么不理解我？"我说："你理解我吗？你那点小委屈在我面前光哭诉就要半小时，我哪有那么多时间？"所以要找到核心点，不要上来就讲感受，要学会反向理解和思考。

第五，老板不是神，很多情况他不知道。最好的办法就是把问题讲出来。有人可能会想，讲出来后，我不成了搬弄是非吗？这是你太低估老板的判断力了。不要忌讳说问题。你把信息告诉他后，他自有自己的判断。

第六，他是资源的汇聚，说服他就能充分放大你的能量。老板本质上是个资源的汇聚体。你说服他，你的能量就可以放大好多倍。如果你认为放大能量不重要，只想安静地做一个员工，那么你在公司体系下很难做出有效输出。

了解老板的基本情况之后，我们接下来就要了解怎么与老板有效地沟通，获得老板的认可与支持。正如《内控总监工作笔记》中提到的，内控系列岗位的核心能力之一便是"与上级相处轻松自如"，尤其是内控部门的负责人。所谓与上级相处轻松自如，主要表现在以下四个方面：

一、在高级管理人员面前能轻松应付，建立良好的沟通关系；

二、理解高级管理人员思考和工作的方式；

三、能和高级管理人员有共同的想法并回应他们的要求，进而确定最佳的做事方式；

四、能巧妙地提出一些积极、有效的方案。

下面我们依照这四方面的能力探讨获取顶层资源支持的途径，从建立沟通开始，针对不同的领导风格确定回应的方式，理解高级管理层的思考和工作方式，就其关注点提供恰当建议，推动落地执行，打造良性循环。

轻松应对，别紧张

大多数人都有面对老板紧张到手脚都不知道怎么摆的时候。在电梯里偶遇，会觉得电梯“爬”得无比慢，电梯里的气温似乎都瞬间升高了几度；为了打破沉默，可能还慌不择言地闹笑话，恨不得有“撤回键”，把刚说的话给撤回来。

首先，我们得认清自己有紧张情绪这个事实。紧张是人的本能，是在人的进化中逐渐保留下来的。遇到大事件、大人物的时候，我们的身体会分泌肾上腺素，从而让我们的呼吸加快，心跳与血液流动加速，瞳孔放大，为身体活动提供更多的能量，使反应更加快速。

最重要的是不要把老板看得有多重要、高不可攀，其实老板和我们一样，说说天气，谈谈热点，夸夸衣着、打扮、气色，时间很快就“飞”过去了。要积极主动，在聊天前做好准备，包括心理建设和心理准备，真诚、不卑不亢、充满自信。

另外，做人要简单，身要正，心要公。勇于让老板看到真实的自己。坦诚的人，无惧。当你做好心理准备，酝酿好情绪，遇到老板时能比较迅速地切换场景，攒个落落大方的整体印象总是没问题的。

确定风格，多回应

猎豹移动董事长兼 CEO 傅盛在谈到沟通时说："用沟通可以解决 80% 的问题。"绝大部分工作问题，不是来自技能本身，而是来自沟通。沟通难，难就难在它不以你说了什么为标准，而是以对方懂了多少为准绳。

"我们都在使用同一种语言，我们都在同一间办公室工作，我们都在实现同样的目标，可我们之间的沟通却如此之难！"你是不是也有这样的感慨？随便在网上搜索一下，或者随便在书店逛上一圈，我们会发现有关沟通的文章、书籍乃至培训课程比比皆是，但是组织管理中的沟通问题还是没有得到解决。沟通，依然是一个问题！

先放下跨国公司经常挂在嘴边上的"文化差异"不谈，单看本土公司的内部，同样的一句话依然会得到人们不同的解读；同样的办公环境依然不能打破人们内心的隔膜；当然，所谓共同的目标，有时还仅仅是管理者们心中的"愿景"，与员工和伙伴们眼前的追求几乎毫无关联。这样你就能理解管理层对顺畅沟通的渴望了。所谓沟通，不仅要"沟"，还要"通"。

在沟通中，说具体问题是最关键的，老板有他的判断。说服老板不容易，但很值得，要多花时间。老板作为一个资源体，能有时间和你交流，非常难得。很多时候，可能就是几句话就能解决你的很多问题。

千人千面，老板的风格各不相同。有的人喜欢听人娓娓道来，有的人则倾向先听结果再听过程；有的人喜欢事无巨细，有的人则倾向抓大放小；有的人喜欢听口头汇报，有的人则倾向看书面报告；有的人喜欢看 Word 版报告，有的人则倾向看 PPT 报告……最有效的方式就是风格“对路”。

著名心理学家威廉·莫尔顿·马斯顿博士于 1928 年在其著作《正常人的情绪》一书中提出了 DISC 模型。他采用四个典型的人格特质因子，将人分为四种：“Dominance（领袖型）”“Influence（社交型）”“Steadiness（支持型）”“Compliance（思考型）”。这四类人格的老板对应的特质不同，沟通中需要关注的要点也不同，可以应用一些小技巧，如表 1-2 所示。

内控人员应多给老板回应。虽不至于早请示晚汇报，但也要经常在老板面前露面，汇报项目推进的进度、计划、方案，不要等到老板问时才匆忙准备。对老板关心的事、重要的事、紧急的事，要勤汇报；对日常事务、重要性不同的事务，要定期正常汇报。

《演讲的本质》中提到，如果跟随政治家一天，你会发现他们说的话大多数都是重复的，只不过换不同的场合加一些不同的点缀而已。其实无论是管理层还是内控人员，我们要表达的核心内容并不多，只不过是在不同的情境下表现的形式不同而已。所以，弄清楚管理层真正关心的、表达内控想要的和想做的并不难。

对内控人员来说，找到适合高级管理层的不同沟通风格，找不同的机会多汇报，让他们了解自己的立场和计划，无疑是基本的工作内容。

如果老板都不知道你在想什么、要什么、目的是什么、预期结果是什么，谈什么支持呢？

表 1-2　DISC 特质及沟通注意点

类型	特质	沟通要点	向上管理技巧
领袖型（D）	目标明确 行动力强 创新多变	切入重点，不拖泥带水 掌握时间，重效率和速度 准备完整的资料及解决方案	在 D 型老板的手下做事，要耐得住、顶得住、熬得住，因为他信任你的方式就是不断给你工作任务。你要让他掌控事情的进展，大事让他做主，小事自己注意细节。关注结果而非过程，快速给他解决方案，让他做判断题或选择题
社交型（I）	擅公众演讲 人际关系好 温柔且热情	不多谈细节和数字 多给予赞美和认同 保持轻松愉悦的态度	多夸他，多关心他，保持友善的关系；对老板的承诺需要事后补一个书面确认，以免忘记，同时多关注流程、数据和细节；积极参与老板提议的团队活动；多和老板交流想法与感受
支持型（S）	谨慎稳定 为他人着想 坚持信念	不要给太多的压力 多给予支持和鼓励 引导他去思考和做决定	学会倾听，了解他的意图和工作习惯，以更好地支持他的工作；不要让他感觉你不尊重他，或者有野心威胁到他的地位；要经常沟通，表达对他的尊重、忠诚和真诚，让他感受到你和他一条心且你做出的业绩对他有所帮助；工作之外可以与他及其家人多一些互动和联系，这有助于彼此之间更好地进行合作
思考型（C）	擅分析，重思考 注重细节 追求卓越	对他的决策和命令表示肯定 使用清楚明确的字句和语气 提供完整的说明和具体信息	理性、专业，用数据和事实说话，避免模棱两可的字眼；严格照章办事，力求完美；善用比较，通过横向的、纵向的比较，或与身边的事例类比，得出一个容易被思考型老板接受的结论

理解老板，能引导

要充分理解老板说的话，因为这可以让你学到更多。老板对你完成个人目标和个人成长起十分重要的作用，这是一个事实。他的信息和见识一定远远大于绝大部分员工。

理解老板的想法、做法和处理风格，了解其关注点。这里所说的并不是让内控人员有事无事聚集起来，天天坐在那儿琢磨高级管理层的意思，而是要关注老板的关注点，理解老板的处境，理解老板处理问题的方式。

不要用简单的战术问题去和老板的战略意图“作对抗”。每个一线员工肯定有更多的细节执行方面的知识，这样的知识，老板不一定不知道。如果你拿着这些来反驳老板，就会陷入两个不同层级的讨论，这样的讨论得不出有效结果。我们应该反过来理解，老板为什么这么说？他的意图是什么？他看到了什么趋势？我们应如何消化与应对？毕竟老板拥有的信息量更大，有更大概率做出更准确的判断。

有时候，老板也会拍脑袋做出一些让我们觉得是错误的决定。对此怎么办？向上谈判的时候，不谈对象，关键在于站在老板的角度看待整个事件，找出核心问题，并以此为出发点准备支撑整个谈判的资料、数据和信息，我们能给老板带来哪些好处，又有什么风险？

内控人员不仅要能出色地完成部门职责，更要能引导高管的需求和关注点。内控人员要有思想、真执行，能够将高层的思想消化吸收、举一反三，甚至能将高层不完善的思想进一步思考得更加周全，执行得更加彻底并注重细节。

当变革和转型已成为常态、成为决定性变量时，企业最需要的是具有变革意识的领导者，能改变旧有的思维模式和行为模式。这一切首先需要领导者转变思想，并指导组织成员提升专业知识和技能。

内控起着承上启下的作用，需要融会贯通，对上承接高层改革思想，对下指导具体改善。内控人员一方面必须具备变革意识，另一方面要具备专业能力。一个主意、一个流程、一个表单、一个工具、一个顺序的改变都是管理创新。人们往往忽略微小的改善，同时又认为创新高不可攀。如果我们重视“微改善”，从小事做起，创新自然水到渠成。俗话说：不积跬步，无以至千里。丰田的精益生产模式就是经过几十年的渐进改变积累而成的。

内控人员应了解并管理老板对内控的期望。例如，内控到底是做什么的？例行工作的会签是由附和签字承担责任的人来做，还是由协调整个组织的经营管理活动使之更加合法合规、简单高效的人来做？

具体到工作方法上，内控人员应尽量避免以单选题的方式展开讨论，要提供备选方案以减小老板说“不”的概率，同时也要让他感受到你的客观和开放的心态。每一次谈判都是与老板加深理解、巩固信任关系的好机会。

巧提方案，重执行

在合适的时机提出合适的方案和计划，见机行事，永远不会错。很多时候，方案也许没错，但不是合适的时机，也会导致失败。在行业周期的上升期，谈成本控制是不合适的，但谈市场开拓就是合适的；在行业的成熟期，谈市场开拓的意义不大，谈成本控制则恰逢其时。

时机对了，接下来便是执行，这是把企业战略蓝图转变为现实的唯一路径，在大多数情况下，一家公司与它的竞争对手之间的差别就体现在双方执行能力的差距上。企业执行力怎么样，取决于职能部门的落实，除了一些大的项目，日常工作中的人、财、物资源大多掌握在各个部门经理手上，高管手上反而没有多少资源。

内控部门提供的方案要灵活，如可以模块化，安排不同的组合和模式，让老板做选择题、改错题而不是填空题。有方案必有执行计划，内控人员应为老板勾勒一幅清晰的蓝图。同时，方案还必须有利于聚合各方利益和力量。把各方可资利用的力量都整合进来，让大家一起推动与执行。

有一种成本叫沉没成本，沉没成本是什么？沉没成本是指已经发生的，不能由现在或将来的任何决策改变的成本。人们在决定是否去做一件事的时候，往往不仅看这件事对自己有没有好处，而且看过去是不是已经在这件事情上有过投入。例如，某个周末，你去电影院买了张电影票看电影，结果发现电影并不好看。如果你是理性的，那在做决策的时候就不应该考虑“沉没成本”，而应该中途退场去做别的事情。这是一种明智的选择，因为你用这个时间去做别的事情，可能可以获得更大的收益。但实际上，大多数人会忍着看完，因为想着钱也花了，来也来了，就看看吧，这就是基于沉没成本而进行的继续投入。所以，人们总是更在意自己有投入的事情。内控人员可以利用这样的心理抓住更多的人先行“投入”。

我在读研一时曾经花十五块钱从毕业的学姐手上买下一辆二手的自行车，然后抱怨锈迹斑斑、铃铛声音太难听、骑起来太费劲，等等。后来花 280 元买了一辆新车，虽然车后圈都曾经被骑得变了形、拧了麻花，但我依然认为那辆新车不错。现在想来，这两辆车后来不见得真有多大本质的差异，而是因为已经花了那么多钱，所以自己必须相信新车比那十五块钱买来的二手小破车要棒才行。

当然，了解沉没成本，并不意味着可以用其大肆“忽悠”人，还是要形成真正能落地的行之有效的方案。画的饼永远解不了饥，指望因梅子而产生的条件反射产生唾液永远止不了渴。

不同性别的人在沟通方面的诉求与特点也不同。男性更希望发言，女性更希望有人倾听。一般来说，男性沟通的重点在于自我表达，别人听不听无关紧要，一旦将自己想说的话说出口，他就心满意足了。女性则极其关注信息的接收者。在争论中，她们的主要愿望不是像划清单一样提出自己的所有观点，而是希望得到倾听、理解和认可。女性会在争论中不断提出要求回答的问题，而男性则是提出一个又一个言之凿凿的“诊断”。

除此之外，还有**成本效益原则**。请永远别忘记这一原则。这里所说的成本和效益不仅包括有形的，还包括无形的、隐形的，如时间的耗费与节省、名誉的损失与提升、潜在风险的暴露与防范等。

做任何事情都是有资源约束的。管理学、经济学研究的就是把资源的利用效率最大化。内控部门想得到的资源支持意味着成本，效益则是利用所得到的资源获得的产出。能说服人的最好筹码莫过于效益大于成本。任你说得天花乱坠，回头一算对我没好处的事，我也不会干。

以上所提的均是手段，最终目标应该落在为客户提供价值上。**请注意，内控部门的工作是为客户提供价值，而不是为某个高管或某些高管谋取利益。**

第三节 顶层关系维护

内控的顶层关系维护可以从以下方面入手。

首先，内控部门要让老板觉得有价值，有为才有位。

对内控价值的解读，每个组织、每个老板都不一样。内控部门的存在，有的是为了满足公司的监管要求，有的是为了满足运营需要，有的是看上去其他公司的内控很好用我也搞一个，有的是因为别的公司有我们公司不能没有……这一点可从招聘内控系列岗位的岗位职责和任职资格中得以验证。

无论是出于什么需求，内控部门的存在都是有原因的，也是管理层认为的初始价值所在。达成初始价值预期的过程，也是定义内控价值的过程。内控要做成什么样、可以做成什么样、实际上是什么样，不是一蹴而就的，甚至不是可以规划的，而是一个项目一个项目做出来的，是一步一步走出来的。只有有所作为，才能定义你在组织中的地位、你的影响力和你的价值。否则，即使有职级、职位，那也是虚的，盛名之下，其实难副。

正如前文所言，因为企业的发展目标是为客户提供价值，所以内控的目标也应该落在客户价值上。内控部门应发现企业内外的改善空间，找到体验与管理的结合点，让客户的体验越来越好；以客户为中心找到客户真正想要的，再把自己的长项做得更加优秀，拉大与竞争对手间的差距，让其更加无法超越。

我们可以将整个营销过程看成一个价值感测、价值创造和价值传递的过程，其中价值感测过程的目的是发现新价值的机会；价值创造过程则研究如何有效地形成和塑造更多有前景、有新价值的市场供应品；价值传递过程涉及如何运用企业或营销组织的资源基础和能力，更有效地将价值传递给最终顾客。顾客感知价值的核心是顾客所获得的感知利益与因获得和享用该产品或服务而付出的感知代价之间的权衡，即利得与利失之间的权衡。内控要做的是有效地保证企业实现为客户提供价值的过程。

其次，内控人员和管理层之间要相互理解、信任、尊重、欣赏。

美国通用电气公司（GE）有一条著名的审计理念：我们帮助董事长、总经理想问题，做董事长、总经理想做的事。

“为什么有些老板对做内控不积极？因为他们怕‘革’了自己的命！”著名内控专家、复旦大学李若山教授一语道破了内控制度在部分企业迟迟无法真正实施的原因。目前，我国企业往往在制定内控制度的时候很积极，但在具体实施时就几乎全部搁浅，而且，企业的内控自我评估报告千篇一律。

真正关心内控的人有两类，一类是股东。民营企业的老板通常比国有企业的老板更加重视内控，因为他们既是企业的管理者，也是股东，会从股东的利益出发看问题。他们很清楚：内控做不到位，受损的是自己和其他股东的利益。另一类是刚上任的管理者。因为他要介入固有的利益格局，所以需要通过内控打破利益格局；当然反之亦然，打破利益格局才能真正导入内控，因为一个企业的流程实施久了，就会产生部门利益甚至是个人利益的纠葛。

在参加一个内控相关的沙龙活动时，有人问了我一个问题：“如果我要干掉我的直属上司，您有什么建议？”我以为听错了，让其把问题复述了一遍。确认没听错之后，我仔细地想了一想，自己真的不曾有过“白刀子进、红刀子出”的想法，最后只好摊摊手表示爱莫能助：“不好意思，对于如何干掉老板真没经验。”

内控虽地位特殊，但内控人员不应妄想得到什么好处，甚至要干掉谁。“其身正，不令而行；其身不正，虽令不从。”

回顾十多年的职业生涯，我还是比较擅长帮助老板成功的，老板成功了我也就成功了。这是实话。也许是因为我不是那种很有攻击性的人，更倾向于合作，而不是时刻准备进行零和博弈，也许是因为我幸运，我遇到的老板都是很不错的老板，可以说对我都有知遇之恩。老板也都对我说过同样的话：我们找对人了！

除了那些打算在部门里“窝里斗”的，还有打算在公司里“窝里斗”的内控。这样的内控很容易陷入部门和人员的争斗，只见树木不见森林，以为在为自己谋利，以为在为内控部门谋利，实际上，除了“日子久了现出原形然后跑路走人”这一条路之外别无他途。

能力可以有高低，但做人的品质不能有高低。将心比心，用真心才能换真心。关系的维护、维系，靠的是真诚与信任。千万不要欺骗他人，哪怕是善意的谎言也不要尝试。实事求是，哪怕对方知道你做的事就要责备你，你也要如实回答。如果信任崩塌，你不管做多少事情、花多少时间，都不一定能将关系修复如初。“你办事，我放心。”这是很多次努力与真诚回应之后积累的结果。

巨大的权力就像一个黑洞，会让周围的空间扭曲，而且越接近它，扭曲程度越大。每个词语进入你的轨道之后，都会变得格外沉重，所有的人都想讨好你或者从你那里得到些什么。他们知道自己只能拥有一两分钟的时间，又担心自己说的内容不适当或太杂乱，于是最后讲的不是毫无意义的空话，就是老生常谈。革命性的话语很少能抵达权力中心，因为权力中心由现有知识所构建，周围有旧秩序的守护者把关，于是，造成困扰、打破惯例的各种想法通常会被拒之门外。

如果哪天老板向你了解情况，请知无不言，言无不尽。不用担心变成一个搬弄是非的小人，也许你也只是老板的调查渠道之一。老板自会综合所有信息，做观察和判断。

要点提示

1. 内控既要能深入微观，又要能立足中观和宏观，要从整体上构建内部控制体系。
2. 内控的“诗外功夫”：拥有跨界的战略思维、关注内外部变化、理解资源分配者的需求和意图。
3. 内控需求不仅要考虑现有框架内的常规性需求，更要关注与企业战略相关的以及外部的非常规性需求。
4. 保持内控需求清单的动态更新。
5. 顶层资源支持心愿单包括授权、资源、认可。
6. 向上沟通四法：轻松应对，别紧张；确定风格，多回应；理解老板，能引导；巧提方案，重执行。
7. 内控工作的最终目标应该落在为客户提供价值上，而不是为某个高管或某些高管谋取利益。
8. 内控部门要让老板觉得有价值，有为才有位。
9. 内控人员和管理层之间要相互理解、信任、尊重、欣赏。

心/得/与/思/考

第二章

企业内部控制的前瞻性从哪来

写在开头的故事

2008年，全球金融危机爆发，对很多行业的人来说，似乎一夜之间风向变了，尤其是制造业，特别是本就一片红海的光电制造业。很多企业在年初以及年中预估一路上扬的月营业收入曲线，在8月时持平，从9月开始便掉头急转直下，原本应是出货高峰的12月，其营业收入只达到普通月份的一半。销售订单大批取消，生产排程急剧变动，仓库开始爆仓，正常原材料可能瞬间就成呆滞料，人力资源部门的工作重心一下子从招人变成了裁员……原本有序的生产经营被打破，原有的定期报告（如月报、周报、日报等）已不再起作用，管理层、决策层需要实时的、明细的、相对准确的数据进行决策与管理。但当向管理信息系统部门提出需求时，却被告知现在的系统不能支持这样的数据需求。

造成这种结果的原因有很多，但概括起来主要有以下几个。第一，现有的数据框架没有那么详细，如制造部门的数据以部门为单位，而不是以产线为单位，且无法追溯。第二，现有的数据框架中有明细设置，但扩展字段不够用，无法在系统中添加保存相应数据，如研发系统中原材料可用机种数量原来只预留了 5 个扩展字段，但基于排程的快速变化，研发部门希望确认同一原材料是否可以适用于更多机种，5 个扩展字段根本不够用；同时，因为系统设置的关联性，后面的物料清单（Bill of Material，BOM）也无法建立。第三，现有数据框架中的明细设置、扩展字段够用，但此前并未添加保存过相应数据，所以无历史数据可作比较。

一时间，内控部门、总经理办公室、管理信息系统部门、财务部门人仰马翻，不得不将需求整理、归纳、分类，并按轻重缓急和可实现程度进行排序，再逐个按需求召集相关部门开会讨论。就从那个时候开始，很多公司开始要求财务部门每月 1 日晚上 24 点前出上个月的财报；也是从那个时候开始，存货周转率的报表周期变成滚动的 30 天，有效控制了呆滞料的产生；也是从那个时候开始，公司运营管理的重点，也是内部控制的重点，增加了市场环境分析与预测以及提升经营效率和效益等新的考量点。

由故事引出的

也许这是一个非常规事件，但折射出的问题是常见的，即内控的前瞻性问题。有句话叫“人无远虑，必有近忧”。与其在事情发生时手忙脚乱，不如提前规划，早做安排。

内控是由企业董事会、监事会、经理层和全体员工实施的、旨在为实现组织目标提供合理保证的过程。我们对“南辕北辙”这一成语都不陌生，我们都知道方向的重要性。内控也离不开方向性的引导。拉车尚且要抬头看路，内控也需要做前瞻性研究，让内控方向与企业的战略保持一致，让企业现有能力与企业战略所要求的能力保持一致。本章分两节阐述内控方向的确定问题。第一节是“内控方向与战略方向的一致性检查”，考虑内控的前瞻性，只有有洞见，能见人之未见，才能领跑组织；第二节是“企业现有能力与战略所期望能力的匹配度检查”，旨在建立中长期的培育与改善计划。

第一节　内控方向与战略方向的一致性检查

如果你是内控部门的负责人，你怎么做年度工作计划？是年复一年地重复制度和流程的修改与调整，是机械地完成每年一度的内控自评，还是结合公司所处的行业、政策、市场、愿景等明确推进的方向？你是否会分别制订短期、中期和长期的计划？你们的内控有方向吗？内控的前瞻性如何？内控的方向与战略方向的一致性如何？

检查表及其解读

内控部门可以用表 2-1 所示的检查表，简单地进行一次自我检查。

表 2-1　内控方向与战略方向一致性检查表

序号	评测项目
1	**内控的组织隶属关系**
1.1	内控部门的组织隶属副总经理以上层级
1.2	内控部门负责人有权参加重大事项讨论会议
2	**内控工作的延续性**
2.1	内控部门有自己的长期规划
2.2	内控部门的中长期计划切实可行
2.3	内控部门过去三年的工作内容有延续性
3	**内控的实绩**
3.1	内控部门经常获得褒奖
3.2	内控部门人员的晋升比例不低于公司平均比例
3.3	内控部门与其他职能部门协作顺畅，相互认可，彼此欣赏
4	**内控人员对公司战略的认知**
4.1	内控部门的人员理解公司战略与经营计划的关联性
4.2	内控部门的人员理解公司战略并知道如何行动

内控的组织隶属关系

火车跑得快，全靠车头带。企业的内控可能由首席执行官率领，也可能由分管的副总经理或与此相当的高级管理层直接指挥而由内控部门负责人负责执行。虽然我们一直在强调建立组织内部管理信息系统，但不可否认的是组织内部的信息是分层控制的。层级不同，对信息资源的占有不同，对战略的理解也不同，层级越高，拥有的信息资源越充分，对战略的理解也就越深入。公司顶层的一小撮人掌握着公司大部分的信息资源。

相比而言，由“小兵”领导的内控部门更容易限于“刷存在感”或囿于组织的一角而无所建树；与之相反的是，由“大将”领导的内控部门则更可能紧跟企业的战略方向，并且能调动各方面的参与和积极性，把内控做成有生命力的内控。这也是内控又被称为“一把手工程”的一个原因。

内控工作的延续性

每年年底在要写工作总结和下一年工作计划的时候，很多人就会抓狂。一部分是因为笔头功夫不足、提炼总结能力弱，但很大的部分是因为没有长远规划、工作缺乏连续性所导致的。有多少企业的内控工作是年复一年、简单重复的？有多少企业的内控工作是领导让做什么就做什么的？有多少企业的内控工作是东一榔头西一棒忙于局部应付的？又有多少企业的内控工作是进行零敲碎打的调整和碎片化修补的？

写总结、做计划都如此“艰难”，我们可想而知其落实执行得有多“不靠谱”。内控有明确的目标指向，如愿景、中长期战略目标等。基于企业的战略安排，做长期、中期和短期的规划并适时调整，从整体上保持工作的连续性，这是评价内控是否有方向的因素之一。企业如果没有面临重大战略调整，内控工作却年年不与往年同，我们就该对内控的方向性及其与战略的一致性打个问号了。

内控的实绩

身在职场的人都清楚，员工永远只会做你考核他的事，而不是做你希望他做的事。职场中的人都以绩效考核为中心。考核是职场指挥棒。考核结果好，是职场价值的最好体现。因此，内控的业绩可以作为评价内控方向性的指标之一。相信很多公司在考核方面都有一套行之有效的制度，能保证让公司持续健康地发展。

内控的实绩可以从以下几个方面判断：第一，内控部门是否受到褒奖？第二，内控部门人员的晋升比例是否低于公司的平均比例？第三，内控部门是否经常被老板或平行部门质疑与挑战？若内控部门经常受到老板的褒奖，团队成员也因此获得认可、获得晋升，另外，与其他职能部门也能协作愉快，体现出内控部门的独特价值，那么可以认为内控部门在公司占有一席之地，做出了成绩，对公司来说是有意义的。

内控人员对公司战略的认知

任务的执行靠团队，团队的执行力看个人。**内控部门方向的定义，取决于团队成员对内控方向的认知、业务操作与坚守；**内控部门方向的认同，是公司内控工作效益和效率的保证。

只有内控部门的负责人理解工作方向、知道往哪走，这还远远不够。如果团队成员向四面八方努力（如图 2-1 所示），就难以形成合力，也无法完成内控目标。我们需要让所有内控团队的成员都理解公司的战略是什么，选择这一战略的原因、背景及获得战略成功的关键所在，以及为了战略的成功内控团队和个人需要做什么，目前进展如何，未来还需做什么努力，等等。这样，我们才可以合团队成员之力，朝着目标前进（如图 2-2 所示）。

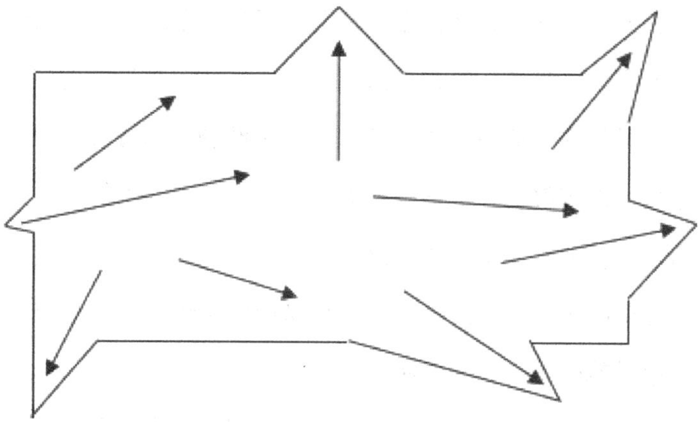

图 2-1　内控团队成员不理解战略时各自为战

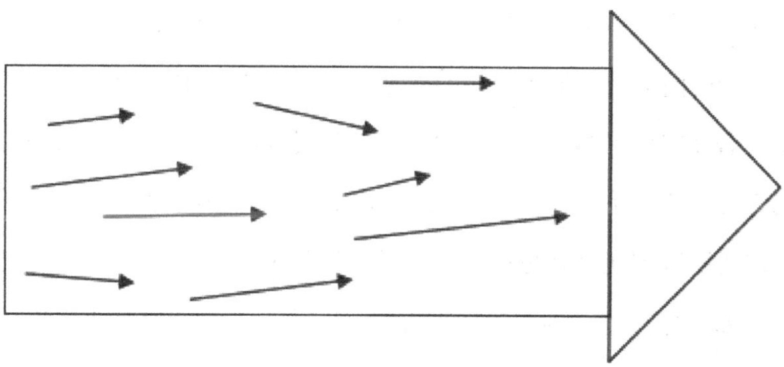

图 2-2　内控团队成员理解战略时众志成城

内控部门或人员可以通过检查这四个方向、十个指标的结果为“是”的比例来确认内控工作的有效性，若超过一半则相对有效。这是很粗略的定性评估，用于自我检查。这份检查表一方面可以用来检查内控工作的有效性，另一方面也可以用于修正内控的方向。如果在组织隶属关系、工作延续性、工作实绩和内控人员对公司战略的认知等方面有所欠缺，内控部门或人员可以重点予以加强或调整。

组织隶属关系、部门长期规划似乎并不由我们决定，但是朝正确的

方向努力，一段时间后，我们会发现有不同的结果。以一位内控同行小C的事例为证。小C是一个内控人员，其所在公司未设立内控部门，内控岗位隶属财务部。从小C往上四级才是总经理，而且不幸的是这四个级别的老板无人知晓内控。内控是做什么的，他们并不知道，只不过监管部门有这样的要求，就招了他这个“萝卜”放在内控的“坑”里。小C也曾郁闷彷徨过，但他并不是一个轻易屈服认输的人。很快，他就抖擞精神开始了他的定义内控之旅。

组织隶属关系看上去不可改变，小C就以充足的理由说服他的主管给他开放必要的权限，并获得相应的授权，允许他查看相关的数据资料，如财务数据、系统记录、一定层级会议的会议纪要。这样，他用半年左右的时间大致了解了公司的战略规划。在此基础上，他站在总经理的角度研究制订了内控计划，旨在夯实公司薄弱的管理基础，提升公司的信息化、系统化水平，进而提升公司的运营效率。虽然中间也有波折，如受到级别比他高得多的职能部门负责人的挑战，因老板的错误指挥而中断工作计划，因不了解业务而“乱弹琴”……但在两三年之后，他前期所做工作的效益开始逐步显现，制度、流程等管理体系逐步完善，管理信息系统也开始实现对公司运营的支持，公司上下对内控有了认知，更有了期盼。于是，公司管理层决定单独设立内控部门，并且直接向总裁汇报工作。

若内控团队欠缺战略认知或工作的延续性差，那么作为内控负责人或内控团队成员，我们可以从把握公司的长期发展着手，拟订长期的内控发展计划，克服短视行为，提升公司内控的连续程度，并且使公司内控与公司战略相匹配。

“凡事预则立，不预则废。”走对方向，制订计划，脚踏实地地完成计划，终将达成目标，你也终将成为你想要成为的那个人。

内控的前瞻性

有了内控方向，还得看内控方向的前瞻性。也就是说，走的路是没错，但要看走的步调如何，是领先于大部队的呢，还是落后于大部队的呢？在一些组织中，内控的方向是有的，但总在跟跑，从不领跑，也没有领跑的想法。跑着跑着就跟不上了，落在队伍的后面。**所谓“内控的前瞻性”，就是内控要当领跑者。**

摄影的两个重要因素，**一是视角，二是到达**。内控也是同样的，唯有到达一定的高度，看到的风景才不同。战略管理中有个经典的故事《鸟和猪》是这样讲的：飞鸟带着一群猪寻觅食物，它越飞越高，视野越来越开阔，高瞻远瞩，发现的机会也越来越多，不断地催促在地面上跑的猪：“快快，向东跑，远处有片红薯地。”但下面的猪根本看不到远处的红薯地，正在为眼前的一道河沟犯愁。从某种程度上说，那是鸟“到达”了，而猪没有。

想要拥有前瞻性就要具有超前意识。内控部门或人员应在准确地把握现实情况的基础上，面向未来，对事业发展趋势和走向做出清晰的判断及科学的预见；坚持用科学的立场、观点、方法，从战略层面观察和判断形势，把握事物发展的总体趋势和根本方向，应时而为，顺势发展，趁势而上。同时，内控部门或人员也应善于见微知著，由小见大，由近见远，由特殊见一般，从稍纵即逝的、细微的迹象和苗头中及时发现问题，深入分析问题；善于在宏观上把握趋势、把握方向，在微观上抓住重点、抓住关键，把握好各种因素之间的内在联系，超前谋划，趋利避害，赢取主动。

我们所能看到的事件是一样的，所能获得的广义信息也是一样的，但有些人能看到不一样的属于“未来”的东西。例如，在互联网出现之前，一般人能看到的只有个人计算机，但是有人透过一堆个人计算机看到了互联网，看到了通过网络连接起来的个人计算机，更有人透过这些连接起来的网络，看到了电子商务。我们称后者为有洞见的人。**有洞见的人能够观察到别人观察不到的细节，能够看到别人看不见的未来。**

洞见的形成并不会从天而降，通常需要具备三大要素。一是体验和经验。只有付出行动，踏实做事，才能得到回馈，获得经验。这是形成洞见的基础之一。**二是大量的知识储备。**体验和经验都来自个人或其身边人的生活、工作，因受限于时间和空间，所以必然是有限的。但知识是别人的体验和经验，显然广博得多，可以跨越时空，可以跨越学科。只有大量阅读好的图书和文章，才能慢慢建立自己的知识库。有人说，读 1000 本书会让一个人的素养上一个台阶。**三是输出。**通过输出自己的知识、体验、观察和思考，迫使自己去整合及再加工，久而久之，便能发现最闪亮的那一颗珍珠——洞见。例如，我们在准备考试的过程中，对于某个知识点，常常会觉得自己已经懂了，但一做题，才发现自己一知半解。解决这个问题的最佳方法就是做题，通过输出倒逼输入，并且由输出决定输入，因为要解决相应的问题，而去钻研相关的知识。

有洞见的内控人员会拥有态势感知能力，即综合多方信息，通过聚合、关联、融合、归并等方法建立定性或定量描述体系，精准感知经济、社会、文化的发展趋势，预测企业发展的可能走向，把握企业内控的变化态势。

内部控制关乎企业运营的方方面面，内控制度一旦确立，运行的惯性就很大，所以不得不谨慎。内控部门或人员要先确定内控方向与公司战略的一致性，然后再考虑内控的前瞻性。要有洞见，能见人之未见，领跑整个组织。

第二节　企业现有能力与战略所期望能力的匹配度检查

如果说内控方向与战略方向的匹配是内控制度的具体体现，那么企业现有能力与战略所期望能力的匹配则是内控制度的抽象体现。抽象是从具体事物抽出，概括出它们共同的方面、本质属性与关系等，而将个别的、非本质的方面、属性与关系舍弃，类似于生活中的数学。举例来说，一筐苹果重 5 千克，2 筐苹果的重量就是 $2 \times 5=10$ 千克，把一筐苹果的重量抽象为 a 千克，那么 2 筐苹果的重量就是 2a 千克，从而让人更直接地认知其抽象本质。

企业战略的具体形式多种多样，可能体现为三年之后销售收入过百亿元、市场占有率达 20%、息税前利润率高于 15%、材料利用率 90% 以上、研发专利数 10 件以上、员工流动率不高于 12%，等等。相比而言，企业战略所需要的能力却相对恒定，对应以上这些战略目标的能力就是战略思维能力、竞争意识、客户保持能力、成本控制能力、研发能力、核心员工的获取与保持能力、组织学习能力等。

内控部门或人员要先对企业现有的能力进行盘点，列出检查表清单，再梳理企业战略规划所需要的能力，进行对比，发现差距，拟订改善和提升计划，将其作为内控未来的纲领性指导。

典型行业的通用战略能力清单

与孩子的教育和培养相似。父母的格局才是孩子真正的起跑线。只有父母的格局大，站得高，看得远，知道哪些要取、哪些要舍，多做方向性、原则性的引导，孩子未来的路才能宽。孩子有无限可能，不人为设限，孩子的未来才能无限。就像科技日益发达的今天，知识变得更加容易获得，孩子记、背知识的能力就相对弱化，更多的是要知道怎么通过搜索或其他人的帮助找到所需要的知识，即要强化知识获取能力。人工智能时代，所有重复的、逻辑简单的工作都可以交给机器人完成，但编程、修理这些机器人的职业技能则变得必不可少。简言之，父母应该培养孩子的独立思辨能力和审美能力。这样的眼光是好的父母应具备的，好的父母知道什么样的能力是未来发展所需要的，并会提前做铺垫与准备。

若将企业看作孩子，内控部门或人员需要找出企业应对未来竞争的能力，即制定企业战略所需要的能力。我们需要在对内外部环境进行客观分析的基础上找出能力谱系，提前布局。表 2-2、表 2-3 是制造业和现代服务业两个典型行业的通用战略能力清单，供参考。

表 2-2　制造业通用战略能力清单

制造业通用战略能力	
1	行业趋势展望
2	技术趋势预判
3	客户需求感知能力
4	解决方案的提供能力
5	产品创新与研发能力
6	制程整合与管控能力

表 2-3　现代服务业通用战略能力清单

现代服务业通用战略能力	
1	行业趋势展望
2	技术趋势预判
3	客户需求与引导能力
4	跨界整合能力
5	创新能力
6	标准化与有形化服务能力
7	品牌建设与宣传能力
8	技术支持能力

以上只是两个行业的通用版清单，具体到行业中的某个企业，战略能力清单又会不一样。毕竟，每个企业的特质不同，有的市场开拓能力强，但服务标准化的能力弱；有的服务标准化能力强，但品牌建设与宣传能力不足，品牌的知名度与美誉度不够；有的品牌建设与宣传能力不错，技术支持能力却较弱。企业的发展阶段不同，其能力的长短板也不一样。新兴企业对客户需求的感知力强，但其标准化与有形化服务能力相对弱；成熟企业的标准化与有形化服务能力比较强，但对客户需求的感知能力、创新能力、技术支持能力则可能存在短板。

内控部门或人员应以组织目标为核心，明晰行业发展和公司战略，搭建清晰的内控布局，明确定义可作用的领域，界定公司所需的核心能力，与公司决策层、管理层、职能部门和内审部门等业务单元探讨解决方案，将其转化为可落地的项目，制订计划并执行计划，不断评估与改善，绘制内控的战略地图。

针对企业自身的短板进行战略能力的梳理，对标适应未来需求的战略能力清单和企业制定具体战略规划所需要的战略能力，找出两者的差异。这就是企业内控部门需要检查与控制的，也是需要列入第一章所提的内控需求清单中的内容。

行业趋势展望

对内控人员的基本素质要求是具有整体观、大局观，要有足够的高度和合适的角度。对有关宏观形势和政策的论述、数据等要多听多看，尤其要关注与企业相关的，如行业、技术、客户、供应商、竞争对手、重大事件等事项。每天听一听财经新闻，看一看网络文章，关注一些高质量的微信订阅号，读一些新书，等等；途径很多，挑选自己喜欢的，坚持下去。

行业信息看得多了，思考得多了，久而久之就能形成直觉。所谓直觉，不过是熟能生巧的产物。琳•A. 罗宾逊在《直觉训练课：如何凭直觉快速做出决断》中提到，关于直觉的源头，目前主要有两种公认的说法：一种是冥冥中的某种力量，它会在需要的时候赐予我们非凡的智慧，引导我们一步步走向成功，就像“灵魂的指南针”；另一种是先验知识积累的结果，即逻辑思考、经验以及潜意识都会被储存在大脑中，在我们需要的时候，这些东西就会被唤醒。我们在工作中会发现，有些敏锐的同事凭直觉就知道什么能“火”，凭直觉就知道企业到底缺什么。很多人会觉得惊奇，但我更愿意相信那是“千锤百炼”的结果。

我们应从产业、行业的研究出发，评估、识别企业外部环境的变化，以及该变化对企业所提出的要求。有时需求会呈现爆发式的增长，但它并不是倏然发生的，总有先兆。在这一时期制定的策略很大程度上决定了内控的前瞻性。

计算机程序语言 Smalltalk 和苹果早期图形用户界面的发明者艾伦·凯说过：“不要担心别人会做什么，预测未来的最好方法就是创造未来。”对内控人员来说，预测企业未来的最好方法就是一步一步地创造未来，并且通过内控来实现。

技术趋势预判

现在有几大流行“元素”，即人工智能（Artificial Intelligence）、区块链（Blockchain）、云（Cloud）、大数据（Big Data），甚至有人称现在的时代为 ABCD 时代。技术不再是高不可攀或锦上添花的事儿了，而是我们工作和生活的基础，缺之不可。无论是产品或服务的提供方，还是产品或服务的接受方，都被裹挟其中。

随着移动互联时代的到来，以往适应工业时代的企业组织甚至是社会生活组织（如家庭等）都备受挑战。在制度经济学看来，企业组织形式的存在是因为组织的内部交易成本低于外部交易成本，规模带来效率的提升和成本的降低。移动互联技术动摇了这一前提因素，外部交易成本大大降低，资源可获得性大大提升。组织规模越来越小，组织战略也多由此前的横向一体化或纵向一体化转变为建立平台型组织或生态型组织。生产的组织形式已经发生改变。

以制造业为例，随着新一代信息技术与制造业的深度融合，制造业生产方式、企业组织、产品模式等都发生了巨大变化。

第一，生产方式智能化、网络化。生产过程由新型传感器、智能控制系统、机器人、自动化成套生产线组成，“无人工厂”的数量不断增加。工业信息系统通过互联网实现互联互通和综合集成，促进机器运行、车间配送、企业生产、市场需求之间的实时信息交互，原材料供应、零部件生产、产品集成组装等全生产过程的协同变得更加精准和重要。工业云平台、工业大数据等智能分析工具将帮助企业实现更好的决策。这些都使生产方式更加智能化。同时，企业更多地通过网络将产品价值链分解到不同国家的配套协作企业，产品生产过程由全球范围内多个企业高效、快捷地合作完成。这对企业的制程整合能力提出了更高的要求，已经超出了工业时代的 JIT（Just In Time）即“零库存”精益生产范围。

第二，企业组织走向扁平化、虚拟化。供应链集成创新、网络营销等新型业态使得每个企业都演化成信息物理系统的一个端点，不同企业的原材料供应、机器运行、产品生产、渠道销售都由网络化系统统一调度和分派，产业链上下游协作日益实时化。协同制造成为重要的生产组织方式，只有运营总部而没有生产车间的虚拟企业开始出现。

第三，产品模式转向定制化、服务化。企业可以根据客户需求及时调整生产工序和工艺，灵活地生产各种产品。用户下单后，订单送达互联工厂，工厂即开始向模块商下单定制所需模块，通过模块化的拼装，实现用户对不同功能的个性化选择，并且最大限度地缩短产品制造所需的时间。企业从以传统的产品制造为核心，转向提供具有丰富内涵的产品和服务，直至为顾客提供整体解决方案，实现从“第二产业”到“第三产业”的跨界整合。这完全不同于工业时代的单品大批量生产方式，对企业的柔性响应能力提出了更高要求。企业需要强大的制程整合能力，要能模块化、程式化不同制程的匹配与对接，并管理和控制好这些整合后的制程，以保证稳定地获得符合设计要求的产品质量。

这些都是技术的发展在行业和企业中的投射效果。技术日益成为驱动社会发展的主要因素。其不仅对供给侧产生影响，也同样对需求侧产生影响，而且影响更加深远。客户的需求不仅更加多样化、个性化、场景化，需要实时交互，而且更加难以捉摸。

这对组织的技术支持能力提出了更高的要求。技术的支持要贯穿企业运营的全过程，从客户需求的采集与甄别，到研发生产，到产品 / 服务的交付，到售后服务，再到客户反馈的采集与应对，甚至还包括组织内部管理运营后台的支持，可以说离开技术支持的企业寸步难行。从一定程度上说，企业的技术水平决定了企业的经营管理水平，技术策略的选择决定了企业整体战略的选择的基础，技术构成了内控的基础平台。

客户需求感知与产品 / 服务创新

有位朋友说，他儿子不知道是不是小时候在医院抱错了，一点都不像父母。他和妻子都是学理工科出身，喜欢事前做计划，免得遇事时手忙脚乱。他们的儿子则完全相反，不喜欢做计划，但随机应变的能力超强。对此他甚是担心。我们都笑他多虑了。为什么他和他妻子会习惯事前计划？是因为此前的环境可预测性比较高，而资源的可获得性相对差，只有提前做好计划，才是比较有效的路径。他儿子为什么会习惯见机行事？一方面是因为他父母已经帮他把计划都做好了，他不需要发展那部分的能力，只需负责灵活调整就行；另一方面是因为现在变化太快，环境的可预测性相对低，况且即使什么都没准备，要想获得相应的资源也是比较方便的。就拿下雨天备雨伞来说，我的那位朋友习惯在出门前看一下天气预报，如有可能会带上雨伞备用；而他的儿子只要不是外面正在下大雨，基本上不会带伞出门，但他也不至于淋着雨回家，因为他总会找到雨伞，如各种店家的爱心雨伞、地铁中的公共雨伞，再不就坐出租车到家门口。

我们对供给的要求就是要实时出现，做场景营销。日本设计师深泽直人说，要做“无意识设计”，让设计浑然大成，但极具“可供性”。例如，走在大街上，忽然不知道该怎么走了，我们只需打开手机，定位，导航；走着走着，渴了，想喝点什么，需要知道周围有什么饮品店，只需打开点评类App，选择自己喜欢的、看大多数人觉得不错的店进去购买即可……

互联网和移动智能终端的发展为消费者提供了跨线上线下渠道的消费体验，实体商店、电视、网店、社交网站都成了消费者的购物通道，随时随地的消费行为越来越普遍。

技术为消费者赋能，使其拥有更多的话语权和主导权。随着大数据、云计算、社交商务、移动技术等新技术的发展，消费者变得更加“智慧”，并且拥有更大的主导权。

消费者决定何时何地怎样进行采购以及何时开始、何时结束。社交媒体的影响与日俱增：社交媒体提供了产品宣传和信息交流的平台，交易的透明化允许客户在做出购买决定前进行定价、评级、复核并与其他品牌进行比较。

消费者越来越主动和挑剔，他们对个性化的产品和服务的需求更加强烈，并期望企业去了解他们真实的需求和提供卓越的服务体验。客户体验贯穿产品全生命周期和全渠道消费行为，每一个互动环节都需要企业为客户提供量身定制的信息与服务，客户忠诚度是通过无缝的、持久的、个性化的客户互动来赢得的。

对企业而言，不仅要有能力和渠道进入客户的需求场景，感知客户的需求，还要挖掘客户的需求，更要引导客户的需求。更进一步，其应将客户的需求具象到产品或服务上，实现客户价值。因此，产品或服务的创新能力也成为现代企业的核心能力之一。

唯一不变的就是改变，就是创新。产品或服务的创新能力展开来说，也包括商业模式的创新。基石药业在成立三年后仅用了三个月的时间便完成了挂牌上市，于 2019 年 2 月 26 日正式成为叩开港交所大门的未盈利生物科技企业。基石药业从最初的成立，到对药业价值链链条的选择，再到对合作资源的选择等，都进行了一系列的创新，充分挖掘、建立与发展其核心竞争力，创造了企业发展的奇迹。

服务标准化与有形化

所谓服务标准化与有形化，就是细化服务的流程、标准，并使无形的服务和品牌形象变得可见、可感知，这将极大地促进品牌的建设与宣传。

服务流程的标准化指对适合某种流程服务标准的目标顾客提供相同步骤的服务，并在各个服务环节中对服务人员所展现出来的仪表、语言、态度和行为等实现标准化。举例来说，酒店需要将“服务细致周到”转化为服务人员要在顾客允许的情况下为其提行李、在顾客进房时对房间内顾客必需的设备进行介绍、三分钟内为顾客打好热水等。当然，强调服务的标准化也要不失个性化，企业可以根据内部条件和顾客需求进行标准化和个性化的平衡。

服务有形化是指服务业企业借助服务过程中的各种有形要素，包括实物、数字、文字、音像、实景、事实及其他可视方式，使无形服务及企业形象具体化和便于感知。服务产品的有形化，即通过服务设施等硬件技术，如自动对讲、自动洗车、自动售货、自动取款等技术来实现服务自动化和规范化，保证服务行业的前后一致和服务质量的始终如一；

通过能显示服务的某种证据，如各种票券、牌卡等代表消费者可能得到的服务利益，区分服务质量，变无形服务为有形服务，增强消费者对服务的感知能力，可以表现为服务环境的有形化、服务提供者的有形化、服务内容的有形化。迪士尼乐园就是一个服务有形化的典型，它用米老鼠、唐老鸭等动画形象使其服务变得有形化。

服务的标准化与有形化，对如今的服务行业的企业和非服务行业但提供服务的企业来说，都是必修课。服务自身具有无形性、同时性、易逝性和不可存储性等特征，决定了服务型企业必须针对每个顾客独特的需求，有针对性地提供服务。只有将无形的服务变成有形的服务，才能被广大客户所记忆，变得可储存，拉长客户享用服务产品的过程并提高客户的满意度。

品牌建设与宣传不能单纯地靠媒体宣传或广告推广。纵观中国企业品牌的成长历程，我们可以发现，单纯地依靠媒体宣传成长起来的“知了”型企业，都活不了多久，能够成为国内外优秀品牌的企业大多是依靠产品和服务起家的。产品和服务是“锦”，品牌是“锦”上的“花”。

以上这些是当今企业需要具备的能力。每个企业对这些能力的要求和重视程度不同，但只能有“好不好”的差别，不能有“有没有”的差距，否则对企业来说就是“死不死”的鸿沟了。

内控部门或人员要先对企业现有的能力进行盘点，列出检查表清单，再梳理企业战略规划所需要的能力，循序渐进地拟订改善和提升计划，将其作为内控的未来纲领性指导，并将其加入第一章所提到的内控需求清单中。

要点提示

1. 内控方向与战略方向一致性检查的四个维度：内控的组织隶属关系、内控工作的延续性、内控的实绩、内控人员对公司战略的认知。
2. 内控部门或人员不仅要走对方向，还要有前瞻性，见人之未见，做领跑者。
3. 内控部门或人员要先对企业现有的能力进行盘点，列出检查表清单，再梳理企业战略规划所需要的能力，进行对比，发现差距，拟订改善和提升计划，将其作为内控未来的纲领性指导。

心/得/与/思/考

第二部分
企业内部控制与数据底层设计

数据是企业内部控制的基础。可以说，内部控制离开数据会举步维艰：没有数据，则无法判断实际情况如何；没有数据，则无法知晓标准是什么；没有数据，甚至会“两眼一抹黑”。

数据从哪来？靠手工统计吗？你会发现手工汇总后的数据完全经不起推敲，经不起不同来源数据之间的相互印证，经不起与历史数据的比对测试。数据可以汇总、整理、分析，但应该来自每一天每一个控制点的日积月累，即原始数据。我们可以从管理信息系统的铺谋设计以及数据的养和用两个方面着手夯实数据这一内控底层基础。

第三章

管理信息系统的铺谋设计

写在开头的故事

我曾效力过的一家公司，诚实地说，该公司管理信息系统的基础很薄弱，基本起不到管理和控制的作用。据我估测，其管控水平比社会平均水平差了十年左右。公司运营数据全部来自财务信息，几乎不涉及业务信息、运营信息。众所周知，财务信息相对滞后，而且财务信息和业务信息、运营信息关注的角度并不完全相同。随着公司规模的扩大和外部环境变化的加剧，这样的管理体系不再适用。

要建立和完善这样的管理信息系统并非易事。虽然大家都知道该做些什么，但似乎还不知道从哪做起。

第一，也是最重要的，即系统框架的搭建。如果管理信息系统有关内部设计开发，情况会更加棘手。系统框架体现的是纵向金字塔式的组织职能分工与横向跨越职能部门的流程二维网络。纵向的职能分工通常通过审批流程来体现，横向的流程却难以保证畅通，经常发生错位或堵塞。雪上加霜的是，作为沟通双方的职能部门员工和系统开发人员，还都身陷“部门井”中无法自拔，使沟通变成“鸡同鸭讲”，随之而来的便是相互的不理解和对立。

第二，有概念的操作者少，导致系统需求确认难。对从没使用过系统的人来说，第一反应是不想改变自己现有的一套。即使有主动改变的想法的人，在系统开发阶段也难以对系统的操作和管理有整体的概念，无从想象系统上线之后的情形，想不出要怎么“玩”。就拿财务部门月末对账这件事来说，原来的做法是将银行的流水单打印出来，逐条核对，通常需要耗时三四天。殊不知，就是不上任何管理系统，也可以使用 Excel 这个工具，一般来说三四十分钟就可以完成。但是对账的人从来没有想过：如果使用管理系统，根本不需要这样的对账环节。综合来说，因为有太多没见过系统这只“猪”跑的人存在，导致系统开发需求的提出很难，让管理系统的开发成了无源之水。

第三，操作习惯难以改变，刚开始的时候，很多人总感觉用系统还不如原来不用的时候方便快捷。有些应用部门似乎永远都不会在线，他们在系统试用阶段总说一切正常，在系统正式上线之后却各种抱怨不适用。对于外购系统说不符合自己的情况，对于内部开发的系统说系统不够完善，系统开发小组最好对他们的操作无比熟悉，最好是他们肚子里的“蛔虫”，无需言传就能意会。

第四，日常的例行操作没有问题，但遇到例外情形时，很多人很容易掉头向后，用一纸申请代替系统控制，并且很容易让各种“例外”变成一切“正常”。最后弄得线上和线下都“半吊子”，不完善。

第五，当补单成为常态。一种是真的需要如此，另一种是不重视，相关人员自己不上心，觉得没什么事；或养成了补单的习惯，让审批成了形式。举例来说，一般企业会对印章申请设置数个层级的审批，在审批结束后申请人才需要到印章保管人处加盖印章。但总有一些例外情况发生，例如，招标文件急着发出去，但最后一级审批人尚未审批，相关人员通常会让印章保管人通融一下先盖了印章。如此之后，很多人就会认为没有最后那一级审批人审批也不是问题。于是，流程成了形式，补单成了常态。

由故事引出的

我们都大踏步地走在信息技术时代。管理信息系统没有最好，只有更好。也许你的企业已经拥有相对健全的管理信息系统，也许目前只是有管理信息系统但尚不能说完善，也许目前还走在导入管理信息系统的过程中，但类似的故事或多或少都会出现。

也许会有人觉得在大数据、AI盛行的时代说信息化已经落伍了，但是信息化是数据化运营的基础，我们不可能跨越信息化进入数据化。就像孩子的成长一样，必须有一定的输入才会有输出，人并不是生而知之的，如果没有后期的不断输入，就很难成长为一个博识的智者。“心想事成”的智能化未来世界必然是从机械化、电子化、信息化、数据化一步一步走过来的。所以夯实管理信息系统的基础是首要且重要的。而夯实管理信息系统基础的前提是夯实企业管理运营的基础。企业管理运营的基础不牢是企业信息化失败的主要原因。企业管理运营的提升是因，信息化是果，不可颠倒，也不能指望通过信息化来打好管理运营的基础。

一方面，企业内控离不开数据，离不开管理信息系统。另一方面，信息化于企业内控而言也是一个改善的途径和机会，可以借此理顺流程，确定控制点及其控制方式，将内控和管理信息系统合而为一。

本章分两节内容从管理信息系统的框架搭建和模块运营展开论述。在搭建框架前，内控部门或人员要先进行企业组织的横向整合，加强部门之间的横向沟通，促使达成共识，跳出“部门井”。在框架设计上，内控部门或人员要注意将控制点设置在业务流程必经的环节上，关注系统设计的完整性、适用性与可扩展性，同时与企业风险管理相结合，把握控制措施的强弱程度。对于内控部门或人员来说，在管理信息系统的模块化运营中需关注这样的建设原则：先权衡再选择，先沟通再推行，先试点再铺开，先做到再做好，开发与利用并行，利用与监管并行。

第一节　管理信息系统的框架搭建

正如前文所说，内控部门是组织内的“划线人”，而如何划线就体现在如何搭建管理信息系统的框架。

企业组织的横向整合

系统框架体现的是纵向金字塔式的组织职能分工与横向跨越职能部门的流程二维网络，如图 3-1 所示。

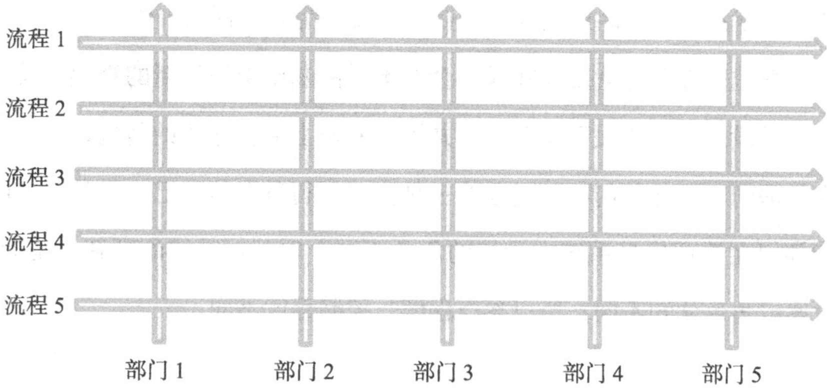

图 3-1　系统框架的二维网络

达成共识

罗振宇在 2018 年“时间的朋友”跨年演讲中，提到了“非共识”，说非共识是创新的源头，但是非共识只不过是把已存在但被忽略的东西呈现出来而已，非共识来源于更深层次的共识。企业内控说到底也是一种共识，需要所有人员对企业的目标达成共识，对企业的治理达成共识。这种共识是一切控制的基础。

我们能感知非共识吗？罗振宇的回答是：能。只要你有本事用最新的方法把那些古老的事情再做一遍。创新有一个稳定的路径：进入传统，添加新物。

回到最初的概念，企业是从事生产、流通、服务等经济活动，以生产或服务满足社会需要，实行自主经营、独立核算、依法设立、具有经济法人资格的一种盈利性的经济组织。现代经济学理论认为，企业本质上是“一种资源配置的机制”，其能够实现整个社会经济资源的优化配置，降低整个社会的交易成本。所谓 AI、大数据、管理信息系统、精益生产，甚至内部控制，都不过是新的手段而已。对企业来说，每一年的目标会有不同，战略会有调整，经营计划也会改变，但其本质不会改变，那就是通过产品或服务满足社会需要，为客户提供价值。

管理信息系统就是要在保持企业本质的基础上添加新的管理工具与技术手段。这是在关于企业本质共识的基础上需要达成的新共识。后台支持部门、业务部门都不过是换一种方式履行其职能而已。只是不同职能部门在管理信息系统中承担的角色不同，因其对系统的理解、技能、意愿或角色认知不同，所以参与程度、控制程度不同。

跳出“部门井”

正如《企业的人性面》中所说，后台支持部门（包括财务部门、人力资源部门、法务部门、内控部门和内审部门等）的人员因为在学校里受到的是专业教育，这种教育甚少教育他们在未来的职业场景中要如何了解业务部门的需求，以及该如何配合协作。但如果他们的客户——业务部门不接受他们所提供的专业协助，那么他们就毫无价值，没有存在的意义。如果后台支持部门的人员试图将自己提供的协助强加到他人身上，那么就会变成一名监管者，而不再是提供协助的专业人员。但实际上，后台支持部门在组织中扮演监管者的情形比比皆是。

不仅后台支持部门如此，业务部门也同样如此。所有的职能部门都有利用各自专业能力与资源优势“挖洞”的冲动，于是后台支持部门和业务部门会陷入一个一个职能部门挖的“深井”中，如图 3-2 所示。

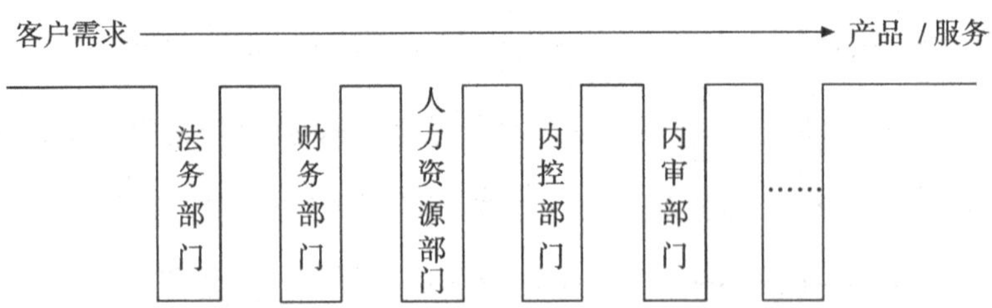

图 3-2 “部门井”示意图

我们的组织架构图不仅仅是一张自上而下的垂直等级关系图，而是一张能反映个体之间“隶属”关系的树型结构图。企业组织是一个强调相互依存的复杂系统，不仅存在纵向依存，还存在横向依存，更有交叉依存。如果依存关系不健全，团队的协作就不可能有效地建立。

组织内部不同的职能之间差别甚大。虽然每一职能都与其他职能相互关联，但是其中也许某一职能与许多职能有关联，另一职能则与较少的职能相关联。但无论如何，定位是不应该有差别的。任何部门都有责任与其他部门一道协作，任何组织成员都有责任与其他组织成员一道协作，达成组织目标。任何部门都需要贡献自己的知识、技能与经验，都需要从他人那里获取帮助以完成自己的任务，都需要管控好自己的本职工作，也都需要完成自己本职工作与相关联工作的适当跨界，以实现流程的相互勾连，形成顺畅的业务流。若职能部门都用专业知识挖就一口口部门深井，则业务流不可能一马平川地顺畅流动，只会在坑坑洼洼的组织界面上颠簸前行，从而带来巨大的组织内耗。

组织存在的目的是为客户提供价值。对于任何偏离这一基本目标的行为，相关部门或人员都应该及时进行修正。若非如此，“部门井”就会悄然出现，并且其他部门也会有样学样，组织界面也就“坑坑洼洼”了。构建管理信息系统框架的过程，就是理顺各方关系、确定协作方式从而为客户提供价值并达成组织目标的过程。

在传统的职能型组织架构下，部门按职能垂直划分，强纵向关系、弱横向关系或交叉关系。企业若想加入横向的或交叉的关系，形成矩阵型结构或网络型结构，就需要跨越“部门墙”。在这个过程中，高级管理层的推动、企业文化的支持是成功的关键因素。若企业文化是提倡团队协作、弱化个体评价的，则横向交流会更活跃也易于引导，反之则不然。高级管理层有意识地推动则是最直接的动力。

高级管理层可以推动建立一些非正式的项目团队，例如，由销售部门、产品研发部门、制造部门、财务部门、法务部门就某产品的研发项目组建项目团队或组建项目团队后研究开发产品；设立架构于正式组织关系之外的“创新基地”，可以固定场所，但不固定人员和频率，自行提出问题——提供创意——寻找解决方案——推动落地执行等；甚至设立基于技术的“云组织”，立足移动互联技术，通过建群等方式即时交互和碰撞。

横向沟通不仅要存在于部门与部门之间，还要在不同的公司之间进行。若集团公司有多个子公司从事同类业务，除了设立子公司负责制之外，也可以在子公司对等的部门之间建立横向的组织关系，牵头人是这些部门负责人中最资深的那一位或威望最高的那一位，但不建议用职级作为唯一评价标准，如图 3-3 所示。

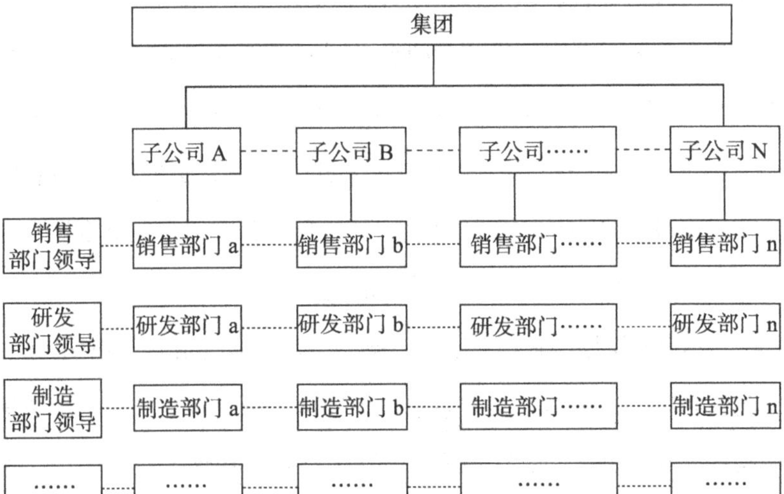

图 3-3　集团公司的横向沟通示意图

这些措施都旨在加强部门之间的横向沟通，消弭部门之间的鸿沟。打通部门之间的沟通渠道，建立沟通机制，是第一步。打好基础之后，我们就该进入具体而微的设计执行程序了。正常情况下，对管理信息系统的需求都是对现有系统的修改与完善，从零做起的机会不大。这二者的处理原则相同，只是起点不同而已。

系统建设的关键要素

必然性

管理信息系统中所有的控制点均需设置在业务流程的“必经之路”上，是业务流程不可绕过的。例如，未在某个特定的时间点之前做某事，则之后就无法操作，无法操作的结果就是无法进行下一步操作，直至不能开票收款或报销付款。如果不能做到这样，就需要重新考虑系统流程路径的逻辑合理性。否则，会给系统数据带来两种后果：一种是流程的后手一直在催前手，系统数据的及时性、完整性难以保证；另一种是线上线下数据永远无法精准匹配，系统数据的正确性难以保证。另外，这样的在业务流程“体外循环”的管理信息系统于公司运营毫无裨益，最终会陷入“为系统而系统”的尴尬境地。

完整性

建议企业参照《COSO 内部控制框架》和《内部控制应用指引》等，基于原则性的指引建立管理信息系统控制框架。

以下就以在企业运营中都会涉及的销售收款、采购付款的业务循环系统控制为例，介绍内控部门或人员在建立和完善管理信息系统时应关注的控制点清单。

销售收款循环的控制点清单：

年度/月度计划制订与发布

月度/年度销售分析

计划调整

投标

报价

销售合同谈判与签订

信用额度确定

订单处理

发货通知

货物出库

发票申请与开具

应收账款及收入入账

收款

收款会计记录

坏账核销

坏账核销会计记录

客户服务

客户满意度调查

……

采购付款循环的控制点清单：

年度/月度计划制订与发布

月度 / 年度采购分析

计划调整

采购申请

招标

供应商选择与管理

价格管理

采购合同谈判与签订

预付账款 / 定金 / 保证金

货物入库

验收

应付账款 / 应付票据

应付会计记录

退货管理

索赔

……

在构建管理信息系统时，内控部门或人员应顺着业务流程检查以上控制点是否都已设置。若业务特性决定某个控制点确实无须存在的，则另当别论。**若某一控制点当下不适用可忽略，但请注意提醒开发人员保留系统的可拓展性，一是功能的可拓展性，二是字段的可拓展性。**还记得第二章开篇故事里的那个情节吗？那就是个教训。

适用性

如果说完整性关注的是通用功能，要的是大而全，那么适用性则关注的是个性化功能，要的是小而美。对企业来说，合适的、和谐的内控就是好的内控。

这一点与企业对 ERP 系统的选择类似。众所周知，全球有两大成功的 ERP 系统提供商，即美国 Oracle 和德国 SAP。相信很多公司都曾经在供应商的选择上犯过难。但据调查，对灵活性要求高的发展中企业选择 Oracle 的较多，成熟的标准化的企业则倾向选择 SAP。选用 Oracle 系统的企业通常都会搭配强大的二次开发团队，侧重于通过开发来实现企业业务流程，匹配企业管理。与之相反，实施 SAP 系统的企业比较倾向改变企业的业务流程来匹配 SAP，实现标准化管理。SAP 系统对二次开发的需求不高，因为它有非常细致深入的标准流程，在流程方面，只要是你想到的问题，SAP 基本都能给出解决方案。当然，除了采购系统服务外，中小企业也会考虑自行开发或选择一些轻量化的软件系统，如近些年备受资本热捧的 SaaS。这些都与个性化、定制化的产品或服务更加匹配。所采购的系统只有与企业匹配才能最大限度地发挥效用。

大千世界，千人千面，企业各有不同。内控说到底是一个关乎企业运营的事儿，不同企业的内控有不同的特性。从来没有所谓标准的、完美的内控，只有适用的内控。在企业的内控实践中，目标是在考虑控制点完整性的前提下关注控制点定制化的那一面，即充分考虑实务操作的具体情形，做好企业的管理咨询师。

有一种有效的思维模式：升维思考，降维操作。升维思考，即深刻理解控制点设计背后的逻辑。当问题在一个层面失控时，就向上跃迁一层，重新定义问题。把自己想象成专家、高级管理层等，模仿他们的思维，去解决现在的问题。他们之所以可以解决问题，是因为他们的思考比我们深刻，见识比我们广，他们可以看到复杂问题背后简单的规律。降维操作，指深入企业运营管理的一线，深刻理解具体流程，稳准狠地抓住“蛇的七寸”，切实有效地解决问题。

具体而言，有以下方向可以尝试。

放弃不必要的控制措施

对企业运营中不存在风险或风险相对较低的业务，可以大胆地放弃不必要的控制。在管理咨询、软件开发、教育等以提供智力为主的服务业企业中，对库存的控制就可以放弃。那么，对应收账款的控制是不是也可以考虑放弃呢？企业在正常的经营过程中会以赊销的方式向客户提供商品、产品或劳务等，包括应由购买单位或接受劳务单位负担的税金、代购买方垫付的各种运杂费等，这就是应收账款。应收账款有不能收回，形成呆账、坏账的风险。一般来说，应收账款控制是销售收款循环的重点之一。应收账款的及时催收在一些企业中甚至关系存亡，但有些行业或企业则不然，其不存在这样的问题，如提供快餐类餐饮服务的企业、处于买方市场的预付费类产品或服务的提供商，它们可以不对应收账款采取控制措施。

因人而改变控制措施

虽然“理论上”要“法治”不要“人治”，要建立不因人而变的制度和流程，但实际上所有制度和流程都会因参与的人不同而不同，毕竟是由人来设立制度和流程的。我们可以想一想，每当企业换“帅”的时候，企业的管理信息系统是不是都会有一定程度的修改？

举个简单的例子，就拿总经理的授权来说，有些总经理希望管得细一些，10万元以上的支出就要亲自审批；有些总经理则相反，不希望管得那么细，50万元以下的支出都授权下属审批，自己只需要定期审阅统计报告即可，有些甚至放得更开。笔者还曾观察到在某个企业里，

Oracle 系统中有上千个报表自动在跑，涉及销售、采购、生产、质量、财务、人力资源等全部运营环节。总经理每周要看的报表达 200 个。他离开之后，总经理助理把所有的报表接收人统统修改成他的接任者。新的总经理被扑面而来的 200 个报表“砸”晕了，第二周就让助理把他的报表接收数量精简到 10 个以下。后来换了一个新的总经理，又对助理说，他还需要更多的报表以了解公司的运营情况……

管理者个人的管理风格是内控部门需要考虑的一个因素，管理团队则是关乎企业内控成功与否的另一个关键因素，如稻盛和夫之于日航、褚时健之于褚橙等。在企业经营不好的时候，换帅几乎是董事会的第一选择。在考察投资项目时，项目团队也是投资者关注的重点。从这一点我们就能了解“人治”的重要性。所以，**内控部门可以在一定范围内考虑因人而适当调整控制措施，以提升管理效率。**

采取替代性控制措施

没有一直运用的内部控制制度。内部控制确实有一定的刚性，但更需要有柔度。我们都知道 COSO 框架、《企业内部控制基本规范》及其配套指引，但这些框架和规范都是由特定的编写主体在特定的环境下编写出来的，对我们有指引的作用，但绝不可以照抄。

企业应将内部控制制度与风险管理相结合，把握控制措施的强弱程度。对风险高的业务或领域实行强控制方式，反之则采取弱控制方式。举例来说，从 2013 年开始推行的简政放权，逐步取消或下放行政审批制度，建立权力清单制度，诸多事项逐步从事前审批变成了事前备案加事后稽查，同时对商事活动主体推行负面清单，管理实现信息化，及时向社会公开，加强社会监督。企业的内控也可以参照这种做法，只对风险高的业务领域实行严格的审批制度，对其他业务领域则采取低强度的替代性控制措施。例如，可以允许相关人员只在管理信息系统中留下业务记录，并将业务记录的查阅权限开放给其主管或具备内控内审职能的部门；可以让相关人员在事后稽查中发现不被允许的行为后，采取将其列入负面清单等惩罚措施。

例外情形处理

企业的运营绝不是标准化的，新的情况不断出现，原本设计的管理信息系统总是要不断修改与变更的。那么，在新的情况出现时，应对策略选择的逻辑是什么呢？总的原则是能不修改系统则不修改系统，待新情况的规则稳定了再修改不迟。我们可以先将其作例外情形处理，将现有审批流程向上延伸，待例外事项转为常规业务时，再修改制度，完善管理信息系统。

一方面，我们可以从分析新情况的来源入手。新情况的出现是因为出现了新兴业务，还是因为现有业务面临调整或改变？我们可以先将其作例外情形处理，而后再具体情况具体分析。若持续时间不长，并且是独立事件，可以作后台处理或延期处理；若持续时间较长，或者与相关业务有关联关系或是其他复杂的综合情况，也可以将其列为例外事件走例外控制程序。

另一方面，我们可以从评估新情况未来的发展情况入手。我们可以从发生的频率、数量、影响性等方向进行评估。若发生频率不高，数量不多，影响不大，则可以置之不理，或只在数据环节作一些特别标记等。否则，应从两个方向上考虑，一是未来怎么办，是观察观察再说，还是另外开辟新流程；二是已经发生的如何处置，是按新流程追溯，还是进行标记即可。

那么，是否需要为所有的例外情形都新设流程呢？答案当然是不需要。如果不新设流程，又该如何设计例外情形应该走的系统路径呢？

第一个建议是上线所有业务，不允许例外，即系统允许存在例外程序但入系统无例外。注意：千万不要一部分业务线上、一部分业务线下。否则，你会发现有越来越多的业务转为线下，与管理信息系统的建设目标也就渐行渐远了。

第二个建议是例外情形的最初管理应尽量得粗放，待“例外”逐渐变成“例行”时就单列出去。例如，可以只在审批路径上作要求，比正常情况下的审批多一些延伸，往上延伸 1 级或 N 级。待最初认为的例外情形变得越来越常见，数量和金额变得越来越大，流程变得越来越稳定之后，我们就可以将其从例外情形转为例行业务了。

第三个建议是别为极少发生的事件专门设置系统流程。一是考虑系统设置的成本效益对等，别用高射炮打蚊子。**二是考虑系统逻辑的简洁明了。**计算机系统的设计以效率为要，太复杂的逻辑容易出错，也会浪费系统资源，更会损失系统运行效率。**三是考虑系统统计报表的撰写。**例外情形越多，相关人员在做统计分析的时候，统计逻辑就越复杂，甚至会找不到合适的逻辑进行准确的汇总分析。**简单的东西最有力量，尽量保证管理信息系统的逻辑明确简单。**不然，系统的运算速度、数据架构和逻辑关联都会受到不良影响，累积的效应就是开发的效率和效果会越来越差，甚至某个微小的、不起眼的改动都会让系统“当机”。所以，需要慎之又慎。

第二节　管理信息系统模块的运营

怎么让管理信息系统如我们所期望的那样运行？怎么能形成支持企业发展的平台？这些都离不开管理信息系统模块的运营和维护，无论管理信息系统是外部采购的还是内部开发的。系统建设容易但维护难，可以说维护的质量决定系统的质量，甚至决定系统的兴衰存亡。

任何事，归根结底都是人的事。管理信息系统的设计、导入、推行、维护与持续改善，也一样离不开人。顺应人性，才能保证管理信息系统的“长治久安”。简单地说，就是要先权衡再选择，先沟通再推行，先试点再铺开，先做到再做好，开发与利用并行，利用与监管并行。

先权衡再选择

经济学中有一种理性人假设，即所有的人都是精于计算和判断的。实践中，人们虽不至于完全理性，但理性判断毕竟还是基础。所以，管理信息系统的选择，必然是决策层在充分权衡利弊之后，才做出的理性选择。

如果选择是基于理性的分析而不是感性的冲动，那么计划的执行就有了坚实的基础。为保证执行不走样，**我们需要关注这两个关键点，第一个关键点是流程的控制点**。这里的控制点是个广义的控制点，除了通常的内部控制的控制点之外，还可能是开发进程中的里程碑或关键岗位的执行人等。**第二个关键点是管理人员，尤其是高级管理层**。管理人员不要试图跳出内部控制流程的规制范围，管理信息系统在一定程度上是把管理人员自己置于制度的牢笼之中。**这两个关键点需要贯穿管理信息**

系统建设的始终。

先沟通再推行

选择最初是一个人或一些人的选择，接下来要做的是变成所有人的选择，这是寻找、打造和巩固共识的过程。所谓共识，就是共同的认识，即经过多次讨论之后双方消除了分歧。要想达成共识，必先进行沟通与讨论，交流意见与想法，包括利弊分析、方案选择、项目负责人选、项目的过程控制、结果反馈与跟踪，等等。与利益相关方的充分沟通，是项目顺利推进并达成预定目标的基本保证。

沟通不仅要先行，还要贯穿始终。我们都是分散的系统，在各自的头脑中都保留着“分散”的想法。这些分散的想法并不因初次所达成的共识而永久消散，会因不同的诱因在不同的情形下不断出现。举例来说，大家都知道需要及时维护系统中的状态和数据，但总会因工作忙、人为遗忘或人工错误等缘由而没有做到，若不及时反馈沟通，不出一个月，那部分的管理信息系统就会陷入“行动不能”。

沟通还要遍及所有相关方。内控部门或人员一定要记得召集所有相关的部门和人员开会，使所有逻辑在开发之前就能获得共识，并得到实际操作人员的充分验证与讨论，并形成书面记录。目的只有一个：那就是最大限度地减少对系统的修改。开发系统最怕的不是复杂，而是修改。修改远比撰写困难得多，就像拆炸弹远比造炸弹难得多。要修改系统，不仅要找回原有系统设计的思路，还要找出相应的部分作修改，要保证不影响其他部分的逻辑很困难。如果只是其他部分出错导致系统“当机”，那算好的，可怕的是不知道哪部分出错了，直到将来某一天发现，却无法再增补或修改过去的记录。

先试点再铺开

管理信息系统的试点和产品的大规模量产之前的试制是类似的，**目的在于验证管理信息系统的设计能否达到预期的质量和效果，检验系统的稳定性与可靠性。**试点的内容包括检验系统的结构、性能是否达到设计要求，设计是否合乎逻辑、合乎流程、合乎操作习惯，系统的实际运行是否稳定，运行的过程是否能可靠地保证得到设计所预定的结果，以肯定或进一步校正系统设计，为系统的全面铺开做预演。

有些时候，试点的作用还不止于此。我记得某家公司在刚开始新建管理信息系统模块的时候，系统开发部门似乎总有一种敷衍的情绪。后来我才发现，在此之前，他们已经开发过一些系统模块了。但是那些已开发的系统模块不乏不了了之的情形，于是系统开发部门就不再投入热情和精力去做系统的开发了。其实，对于工作很多人并不吝于投入时间和精力，只是要有目标并带来成就感。在得到保证，并且实际所开发的系统模块确会应用且产生切实的效果后，系统开发部门慢慢地便成了内控部门的坚实后盾了。试点的过程，是树立个人品牌的过程，也是一个树立内控信用的过程。这一点，不仅对合作伙伴是这样，对争取管理层的支持是这样，对带动团队的氛围也是这样。

若无十足把握，若非万分火急，都不建议内控部门跳过试点阶段。运动式的推进固然轰轰烈烈，但远不如稳扎稳打、从长计议来得稳妥、持久。

先做到再做好

任何系统都有一个逐渐完善的过程。追求完美对管理信息系统的导入与运营来说是个大忌。在保证框架逻辑的前提下，内控部门或人员应先着手做起来，再寻求进一步的提升。

首先，在产品的设计上，要考虑大家的接受度，降低系统的门槛。例如，尽量采用大家原本熟知的表单格式等，只是将其从线下搬到线上，提升大家对系统化这一新事物的接受程度；尽量把信息化、系统化的一面隐藏进系统后台，而把简单、直白且标准化的一面展示给系统用户。

其次，习惯的养成是关键，涉及的人员不仅是操作层面的员工，还包括各级管理人员。毕竟操作方式不一样了，更新维护的频率、标准等要求也不一样了。哪怕大家都知道用系统比不用系统的好处多，但也会因“被改变”而心生抗拒。我们甚至可能会遇到一些连审批系统页面都不肯打开的负责人，AI 概念都被炒得满天飞了还有连 E-mail 都不屑收只看纸质信件的负责人。各级管理层特别是高级管理层是系统应用习惯培养的重点人员，也是失败的重灾区。内控部门或人员要先想办法让大家用起来，再慢慢培养公司上下的使用习惯。

最后，好用的管理信息系统是在实践中磨出来的。管理信息系统属于技术应用的范畴，相较于设计，实际应用更重要。即使是 SAP 和 Oracle 两大系统也是如此。不然，SAP 系统的解决方案是怎么来的？它们都是从实际中总结出来的。就更不用说以二次开发见长的 Oracle 系统了。在企业实践中，管理信息系统的使用还可以大大提升系统使用者的参与度，从而把系统建设变成自己的事。另外，这也增加了系统使用者的沉没成本。虽然沉没成本与未来的决策无关，但我们通常会陷入沉没成本的谬误中难以自拔，即付出的越多越容易选择坚持。从这个角度上看，这是请系统使用者共同参与的方式。只有更多的使用者更长久地使用与维护，才可能使管理信息系统臻于完善。

总之，不要试图一口吃成胖子，不要奢望一下子做到十全十美，何况根本不存在十全十美的管理信息系统。没有最好，只有更好！

开发与利用并行

在企业的内控实践中，管理信息系统开发与利用的脱节现象并不少见。很多公司是把系统的设计开发与后期的运维利用分开的。一方面，虽然有经验的系统开发人员都会保留后期扩展与修改的空间，但系统的有限柔性仍不能适应内控实践的快速变化与发展。另一方面，离开后期实务操作的磨合，难以保证系统开发的适用性，很容易出现设计和执行两块皮的情况。

举一个例子。我们曾经对公司采购部门的管理信息系统进行过一次修改，改动很小，把原本只需由“采购申请人”验收的申请单加了一个“使用人”验收的步骤。这么改是基于监管部门内控审计所给出的建议。系统在经过修改之后，开始投入使用。结果我们发现，在很多采购中“采购申请人”和“使用人”是同一个人，系统的修改对风险管控有多大意义我们不知道，但“验收”按钮的点击量大增。在运行一段时间后，我们通知系统开发人员做逻辑修改，即如果采购申请人和使用人为同一个人，则只需点击一次验收即可，另外一次验收由系统自动完成。

只有经过实际使用，我们才能发现管理信息系统设计中的欠缺之处，不断修正系统设计与实务操作，即进行“系统打磨”，从而使管理信息系统与实务更加契合，保证设计与执行的完美交融。

利用与监管并重

在我们关注了管理信息系统的开发和利用之后，它是不是就会如预期般正常运转了呢？也未必。如果说系统利用给大家带来了好处，是一根胡萝卜，那么必要的监管就是一根大棒。在企业的内控实践中，既要有胡萝卜的香甜诱惑，也要有大棒的提醒警示。

别忘了，我们还有一个履行内审职能的部门。如果内控和内审同在一个部门，那么恭喜你，“左手握右手”就可以了。如果分属两个部门，那么就加强部门间的互动吧。我们可以适当为内审部门提供一些目标建议，让他们有的放矢。

除独立第三方审计评估外，我们还可以利用系统的归集、统计和分析的功能，实时发送提醒，定期发送统计报表，定点提供管理看板。让消息在恰当的时间到达应该到达的人，让消息不为个别人所把持，让是非黑白由更多的人来判断。

提醒注意：监管只是手段而不是目的。我们的目的在于通过这些监管手段使管理信息系统正常运作，切实把握业务流程控制点，提升公司的运营效率，让系统提供及时、完整、准确的数据，提升决策的质量，从而提升客户的价值。管理信息系统的正常运营维护和持续改善提升永远在路上。

要点提示

1. 搭建管理信息系统前，先进行企业组织的横向整合。
2. 让所有人员达成关于企业内控的共识，跳出“部门井”，加强部门之间的横向沟通。
3. 管理信息系统中所有的控制点均需设置在业务流程的“必经之路”上，是业务流程不可绕过的。
4. 在考虑系统设计完整性的同时，关注系统的适用性，同时保留系统的可扩展性。

5. 将内部控制制度与风险管理相结合，把握控制措施的强弱程度。
6. 对企业运营中不存在风险或风险相对较低的业务，可以大胆地放弃不必要的控制，或考虑替代性的控制措施，甚至可以在一定范围内考虑因人而适当调整控制措施。
7. 系统允许存在例外程序但入系统无例外。
8. 尽可能地保证管理信息系统逻辑的明确性和简单性。
9. 管理信息系统的建设原则：先权衡再选择，先沟通再推行，先试点再铺开，先做到再做好，开发与利用并行，利用与监管并行。
10. 在保证框架逻辑的前提下，先着手做起来，让用户乐于接受，培养用户习惯，再寻求进一步的提升。

心/得/与/思/考

第四章

数据的养和用

写在开头的故事

（接第三章的故事）经过一番“拳打脚踢”，管理信息系统建立起来了，企业也慢慢地应用起来了，流程也因开发或二次开发越来越完善了，数据也积累了一些，基础的数据汇总功能得以实现。看上去，一切正常……

那么，我们是不是可以“刀枪入库”“马放南山”了呢？当然不是。因为我们发现这个阶段的管理信息系统仅限于基础的操作层面外加涉及小部分操作管理；公司高级管理层没有基于数据决策的习惯，即便在决策时需要数据也甚少依靠管理信息系统；系统报告对运营管理的作用有限，更不用说对决策层面的作用。同时，我们也发现，有大批的操作信息和业务信息未进入管理信息系统，更有大批数据沉积在系统中没有得到挖掘。管理信息系统只实现了主线流程上线，具体地说，只有涉及收入、支出等与财务数据相关的业务操作上线了，离实现运营活动数据化、业务流程系统化的目标还有很远的距离。

由故事引出的

管理信息系统的功用是否仅止于基础操作呢？当然不是。管理信息系统的最重要功能是收集和汇总数据。有些公司甚至设有 CDO（首席数据官）一职，阿里巴巴就设有数据委员会。阿里巴巴数据委员会的首任会长车品觉著有《决战大数据》《数据的本质》两本图书，在书中，他认为，未来没有一家公司，不是数据公司；未来没有一个人，不是分析师。

身处如今这一科技浪潮之中，运营数据是企业不得不习得的一大技能，包括数据收集、数据维护与持续更新、数据利用、数据挖掘、数据运营等。让企业的运营数据化，记录企业的决策与管理数据，也让企业的决策与管理基于数据，进而让数据带领企业行动。

也许有人会说，在人工智能时代说信息化、数据化已经过时了。有些企业已经实现整个企业的看板管理了，管理者只需看颜色便可知问题所在，甚至还有更加智能的产品，只需用个软件便可知晓企业管理中的毛病在哪，然后据此调整即可。试想连反映企业运营状态的全面数据都没有，再高大上的系统也做不出有效的诊断吧。就像连走都不会的孩子，如何能跑得起来？做好内控急不得，信息化、数据化是必经之路，欲速则不达。

本章分两节阐述数据的养和用。数据每时每刻都在产生，我们应该如何有效地采集数据，采集哪些数据，又该如何保证有数据可用以及充分利用现有数据？第一节从数据的需求和供给角度确定数据的采集与更新应以需定供，应采用嵌入企业运营过程中的方法采集记录过程和行为的数据，以保障数据持续、准确地更新，重在数据的“养”和“育”。第二节从企业中利用数据所面临的挑战说起，给出数据利用的解决方案，让数据下沉，了解数据背后的故事，准确解读数据，有效地将数据用起来。企业内控的基础决定数据“养”和“用”的效度，同时数据也是内控的抓手。

第一节　养数据：数据采集与持续更新

我们在做市场开发、产品研发或客户服务时，都以信息搜集为先。信息从数据中来，即数据经过加工处理之后成为信息。信息搜集的过程就是数据采集和加工的过程。市场调研机构的主要工作就是通过各种形式与手段采集数据，并把采集来的数据加以处理，得到相应的信息。可以说，从来没有人觉得信息已经足够了。我们对信息永远有着非同寻常的渴求。

管理信息系统会记录、保存数据。传统的管理信息系统建立的基础通常是以管理为出发点的，这就决定了数据的方向是指向企业管理的，而非企业运营。职能部门通常也采取逃避的措施，若非迫不得已就不放数据进去，哪怕是出于部门管理的需要也是如此。

数据采集

魔高一尺，道高一丈。好在现在的技术可以提供支持，市场上出现了不需要倒灌数据的系统。**用无感技术采集数据，用无忧方案管理系统，切实又可依赖。只要数据采集的可靠性可以保证，数据维护的工作就成功了大半。**

无感采集

随着传感器技术的日益先进和数据关联范围的日益扩大，数据的采集多在不觉间完成。2018年下半年召开的交通运输经济运转情形会议指出，预计在2019年年末实现全国统一取消跨省收费站，全国各地高速公路将陆续取消收费站，高速公路开始启用无感支付。不仅高速收费可以如此操作，支付宝也提供无感支付。这是支付宝基于强大的免密支付底层能力，深度贴合停车行业，为停车场景专属定制的重量级支付解决方案。用户开通无感支付，并进入无感支付停车场后，不仅可以实现无现金支付停车费，甚至可以无手机支付停车费，离场时自动扣款、自动抬杆。这在为用户提供更好出行体验的同时，也在“无感”采集数据。

这对企业管理信息系统的数据采集有一定的启示作用。第一，设置在企业的运营过程，嵌入业务操作流程中，借助技术手段瞬间完成数据采集，既无感又无法跳开。第二，若要实现运营的数据化，采集的数据点就要大于控制点，即目的在于记录行为、过程，而不仅仅是结果，也就是说数据的采集不仅仅指向管理，还指向运营过程。过程和行为比结果更重要。

在实践中，企业可以将数据采集点与业务在进行过程中的工位流转、责任移交或审批结点等结合，对程序性操作行为进行记录。以销售开票流程为例：开票的申请只有符合前置程序与条件（如已签订销售合同、已发货等），开票申请才能被开票人员所见，开票人员需点击按钮才可以进入开票页面，点选开票即打印发票，打印结束即为开票完成，进入应收程序。在这一过程中，不需各环节操作人员进行多余的操作，系统就已经产生了相关的数据记录，如开票申请人及其基本情况（如姓名、部门等）、开票申请内容、开票申请时间、开票人员及其基本情况（如姓名、部门等）、开票时间、开票状态等。

无忧方案

手机越来越成为我们离不开的“伙伴”。出门了什么都可以不带，但一定要带手机。实际上，带手机也确实几乎可以解决一切问题，可以打电话，可以导航找路，可以乘坐公交，可以租车，可以付款，可以……手机越来越成为一个联结世界的界面。我们无法想象没有手机的日子，所以对我们来说手机必须拿到就可以用，而不是还要做一堆技术性的处理，并且不能在使用中出问题。我们要的是拿来即用，要的是解决方案，最好能解决我们面临的一切问题，达到我们的使用目标。消费者想要“无忧的技术”“一体化的力量”，希望能简化整个流程。

服务也是如此，客户需要一站式购物、一张账单，如有差错，只有一个联系点，只有一个人需要问责。客户不需要知道对应的是 ×× 公司 ×× 部门的 ×× 人，只需要知道 ×× 公司即可。

管理信息系统也该如此，它应该是可以拿来即用的，没有适应期或调整期，或者适应期或调整期尽可能得短。适应期或调整期即意味着新的操作习惯的养成。另外，管理信息系统必须可以依赖，夸张一点说，即使世界都不在了，系统还在。在这个“焦虑”的快时代，安全感成了稀缺品，没有什么比丢失历史数据更让人抓狂和崩溃的了。

数据的更新

系统是开发给人用的，我们需要充分考虑用户的使用习惯，提升用户的体验感。同时，系统也不是一次性产品，是要循环重复使用的，并且一旦选用更换的成本巨大，所以我们需要**考虑系统的适用性和可扩展性，尽可能保证系统的“长治久安”。**

关注用户体验

虽然存储设备体积越来越小，价格越来越低，但是人们似乎却越来越不需要存储设备。我们习惯于把数据交于他人保管，上传云端。与个人习惯相类似的，在企业中，我们也希望日常运营中所涉及的数据、资料都能在管理信息系统中储存。我们只在需要的时候进行读取，我们的电脑只是个端口，只是个界面。也就是说，管理信息系统要做好数据的存储器，并且要允许使用者便捷、快速地读取其中的数据和信息。若非必要，不建议相关人员在系统中设置归属各账户的数据导出限制。

人们对管理信息系统中数据更新频次的要求各不相同。有些数据必须实时，甚至丁点儿时间差就影响巨大，如众所周知的证券行业的高频交易；有些数据则对时限要求较低，做到适时即可，如对某些报表的统计人们一般会避开系统操作的高峰时段，在凌晨进行数据更新与传送，以保证管理信息系统在用户操作时保持高效、平稳。在统计汇总时呈现什么时期的数据是恰当的，也需要考虑适时性的问题。举例来说，若过去两年中有过重大调整，那么要呈现的应为调整过后的数据。第三章开篇故事中提到的报表统计周期也需要随情况的变化而调整，平时按月计算库存周转率即可，在金融危机时则需要按日计算，但也有的时候需要拉长了拉远了看，看趋势。总之，数据应具有时效性，同时兼顾效率与效益；我们也应观察不断出现的新数据，重新评估过往经验的正确性。

数据的反馈机制

不知从何时开始，人工处理已成为必然有误的代名词。系统对人工错误的预防与检测则成为必要配置。首先，系统会设置防呆措施。最常见的手机 SIM 卡，卡上都有一个缺角，这种特殊设计就是防呆缺口，防止新手误操作将 SIM 卡插反，如果插反了，就插不下去。管理信息系统中也有类似的设置，如检测身份证号的位数是否是 18 位、邮箱格式是否合理、栏位是否已填写完整等，若操作人员的输入达不到系统设置的条件则无法提交。其次，系统会设置检测反馈机制。我们可以通过系统自动生成异常报告，进行预警和提示，以及时处理。最后，系统基于数据分析结果，自动处理事务，甚至直接进行产品开发与发布，如淘宝的聚划算业务。

系统的可扩展性

我们还需要充分关注系统的可扩展性。这一点非常重要。一是因为数据点有变更或增减变化，如此前均无应收账款而现在开始出现应收账款，则需针对应收账款增加相应的数据点设置。二是因为围绕同一个数据点所需要采集的数据维度有变更或增减变化，如开具电子发票后需要记录发票是否被打印。

第二章开篇故事中提到的系统未包括相关数据，也无从扩展。有人说，“最好的架构师能够在软件开发所涉及的诸多内部因素和外部因素中寻求最佳的平衡。”系统的可扩展性是多方面的，既有软件方面的可扩展性，包括分层结构、模块化、数据建模、流程建模、报表定制、主菜单和主页定制，甚至还包括权限体系的扩展等方面，还有硬件方面的可扩展性，包括在高并发和海量数据情况下的可伸缩性，还包括采用集群、缓存、云计算等技术。不仅要"在当下这样、那样的要求下寻求最好的平衡"，还要"在未来这样、那样的要求下寻求最好的平衡"。

就拿系统数据的字段来说，假如当前只需10个字段，但开发人员绝不能仅仅设置10个字段的容量，否则一旦有变化就无法满足需求了。但资源总不是无限的，平衡是最重要的。

数据的持续更新

在企业实践中，系统的设计面难，运营面更难。因为系统运营所涉及的主体很多，面临的情况复杂，持续的时间也更长。**保证管理信息系统的数据准确、及时、真实，是一个系统工程。**

除了系统框架设计上的考虑之外，内控部门或人员应更多地关注企业运营中的过程数据和行为数据，尽可能地嵌入业务流，加强事中的监控与事后的监督，督促数据的持续更新、完善与丰富。在这一过程中，应以系统设计与技术支持为主，以监控和监督为辅。

数据的"养"和"育"

为记录企业运营过程而自然产生的数据的优势是真实、原始，坏处是缺乏规划。我们做内控的人都会有这样一种感觉，那就是"数据到用时方恨少"。盘点一下，我们会发现欠缺的数据有两类：一类是公司拥有的但没有采集的数据，不是零碎不堪使用，就是已经随风而逝了；另一类是公司本身没有的，需要其他方提供的数据。这就要说到养数据了。

有个小游戏叫“你说我猜”，考验的是两个人的默契程度。其实，说白了就是考数据储备，或者考验一个人对另一个人动作、表情、语言以及两者共同记忆的数据储备，或者考验一个人对所猜内容的数据储备。例如，《中国诗词大会》第四季中有一个选手绝地反击环节，其中也有个“你说我猜”，但那考验的就不是两个人之间的熟悉程度，而是选手对某些内容的熟悉程度。

很多时候，我们不是没有数据，而是没想到去收集哪些数据。从“你说我猜”的角度看，首先要找到目标，再围绕这个目标去展开数据搜索。我们发现人脸有 220 多个微表情可以用于测谎。这是我们奔着测谎的目标从不同角度搜集到的数据规律。数据的采集技术是一方面，开阔而创新的数据思维是另一方面。从人工智能的角度看，这就是在教计算机帮助我们猜读人心，并为我所用。

综上所述，**所谓养数据，就是相关人员主动思考企业的运营需求，主动去寻找数据，找到数据的来源途径，而不是被动地有什么数据就收集什么数据，然后再采取合适的、行之有效的采集与更新措施，留存与利用数据**。如果说数据的采集和更新是战术，那么养数据就是战略了。

有了养数据的战略，再加上数据采集和持续更新的战术，就可以大概奠定组织中的数据基础，完成对业务过程中必要流程的数据画像，甚至可以实现业务流程系统化、运营活动数据化了。只是这好像并没有解决开篇故事中的另一个问题，那就是数据归数据，运营管理归运营管理，关联度不高。系统报告对运营管理的作用有限，遑论对决策层面的作用。公司各级管理层没有基于数据决策的习惯，即便决策时需要数据也很少依靠管理信息系统。问题的症结出在数据的利用环节。数据采集、数据利用、企业运营没有形成闭环。**好系统是用出来的，好数据也是用出来的。**

第二节　用数据：数据利用与产品开发

近些年，大数据被炒得火热。大数据的分析蓬勃发展，大数据的应用日新月异，与大数据相关的各式组织如雨后春笋般快速成长。有人说，数据已经超越土地和机器成为二十一世纪最重要的资产，并且集中于一小群精英人物之手。

与大数据相关的问题也不断涌现，如大数据的安全问题、平等问题、伦理问题甚至哲学问题。《今日简史》的作者、以色列作家尤瓦尔·赫拉利提出了一系列问题：当数据巨头比我们更了解自己，当在线成为一种生存方式，如何规范数据的所有权？能否建立起一个维护人类自由和平等的全球社群？人工智能和生物技术已使人类掌握了重塑和重新设计生命的能力，我们该如何运用这种能力，上演另一出全新大戏？

车品觉说，“找答案难，找到问题更难。”从以上这一串问题我们可以窥见人类所面临的挑战，可以评估人类生存的宏观环境。在线成为一种生存方式，数据成为维护自由和平等的关键因素，甚至会影响未来世界格局。

视线拉回到当今的企业中来。企业对数据也极其关注，它们关注数据的所有权、利用率和收益性。只是往往不得其法，或者会过分在意所有权而让数据在组织内部沉睡，或者会为了眼前的区区小利而放弃长久的收益，或者会视丰富的数据资源而不见。归根结底，这些还是数据利用问题。

打个比方，利用数据就像是“割韭菜”。企业若能解决数据的“养”

和“用”的问题，那么数据就像生长期的韭菜，可以割一茬又一茬。但在实际操作中，企业面临的挑战有很多。

数据利用的挑战

数据信息不完整、不准确、不及时

无论系统设计得多么周全，无论系统执行得多么严密，进入企业运营的实际场景中，人们总会发现需要的数据永远不够。数据的不完整、不准确、不及时是常态。从证券公司为高频交易调整办公地点就可见一斑。

数据信息分散在不同部门，缺少有效整合

虽然管理信息系统的上线搭建了数据信息的共享平台，但仍不可避免地存在看不见的鸿沟。一方面是因为并不是所有的数据都在系统中，总有一些数据是在线下的，如各位员工的“私产”——Excel 文档，各个部门的“私产”——部门公共文件等。另一方面是因为系统无界，但存在人脑中的认知有界，组织中知识的沉淀、传播与转化并不因管理信息系统的存在而必然发生。因此，组织中的数据信息缺乏有效整合，致使数据的利用效率低。

日常信息量大，难以捕捉有效信息

企业的数据通常很大，很综合，又很明细，就像新闻，都是“草稿状态”的。这些“信息草稿”需要进行梳理和整合才能够成就“华美文章”。如何在庞大的数据信息中找到关键因素，对我们来说是一个挑战。

有的高级管理人员只需看一看管理看板，每天看几个指标就可以管好企业；但有的高级管理人员每天忙得团团转，盯几十个指标，企业还是状况百出。关键就在于如何从庞杂的信息中找到真正有效的管理信息。

信息资源集中在高层，对基层的支持作用有限

发声的部位总是高高在上的，即由“远离炮火”的人发现问题，自上而下地推动问题的解决。不得不承认，在很多企业里，管理信息系统的推动都是自上而下的，是从管理的角度出发的。这样的角色设置很难改变，即使通过预警指标来督促业务一线人员的执行，也很难让系统对他们的工作起到他们所希望的支持作用，从而只会让他们游离于系统之外。企业应该打通上下之间的信息壁垒，让数据来自基层、服务基层。

系统的更新与迭代缓慢，达不到累积效应产生的奇点

成功的系统必然是不断更新、不断迭代的系统。正如罗振宇在跨年演讲“时间的朋友”中所提到的“小趋势”一样。“人口的大多数所反映的大趋势是存量，是确定的。真正值得关注的是一小部分人新近涌现的共识，因为这才是我们理解这个世界至关重要的变量。”一小部分人，在我们大多数人视野之外，正在凝结成的共识、正在采取的行动方式、正在进入的生活处境，就是所谓的“小趋势”。更是那种需要我们每一个人自己去主动发现的“小趋势”。在“小趋势”的逻辑里，坏消息是每一班车停靠的时间都很短，而且看起来都像末班车；好消息是真的没有末班车，车是一会儿一趟，越来越密的。做“小趋势”的人没有一劳永逸的想法，随时在做准备，把自己的感知能力磨得锐利无比，随时等

待、捕捉那个“小趋势”的信号。凡我赶不上的，我就做好准备，到未来等它。“小趋势”对于管理信息系统的启示就是更新和迭代不必多大或多重要，但一定要快。若企业的管理信息系统远离市场的竞争环境，迭代的速度必然不可预期，而这才是管理信息系统所面临的问题。

面对这样现实的挑战，我们该怎么办？一个原则：实践中的问题，应在实践中解决。**通过加强数据利用，实现数据采集——数据利用——企业运营——数据采集的闭环管理。**

数据利用的解决方案

数据下沉

在积累和沉淀了数据之后，企业要打通通道，让数据到达应该到达的人员，尤其是处于业务一线的员工。使一线人员有机会依靠数据做决策，让数据来驱动业务，甚至实现运营的自动化。

与此同时，企业也应让数据有渠道从业务一线向上汇聚，让数据从来源上有切实基础，而不会留下无数修（篡）正（改）的机会。企业应搭建数据网络，拆除数据堡垒，让数据像企业的血液一样到达企业组织的末梢；应让数据下沉到基层，而不是飘在空中。任正非在 2019 年 1 月 18 日连续签署的 006 号、007 号总裁办电子邮件中对人力资源部门说，“未来 3~5 年我们强调练内功，加强内部改革，一定要让整个改革和业务融合起来，一定要将作战的权力和运作重心下沉。首先从人力资源部自我改革开始，加强‘经线’管理的同时，也要加强‘纬线’管理。把人力资源改对了，再去改别人。”对，还是要“下沉”。

事实上，这对企业内控的基本功是一个考验。**若公司的运营管理基**

础好，则"末梢"的数据收集没有问题；若运营管理基础不牢，则需要以此为契机做一些健全与完善。这是一切的起点，否则什么都是空中楼阁。

许多企业常常是策略、愿景一大筐，但议而不决，光说不练，流于"口号管理"，没有将策略、愿景落实到具体的目标、计划上，也未将目标、执行方法列出时间表，更没有根据完成情况订立赏罚标准。这些企业的管理常常粗而不精，只是按照一些基本的规章制度大而化之地"前进"。这样的企业，必然会患上一种"组织末梢神经麻痹症"，越到执行最关键的基层，员工越是拖拖拉拉，习惯了不痛不痒、马马虎虎，习惯了得过且过、敷衍了事；一旦认真起来，却又呆头呆脑不知灵活变通。他们会私下给自己找理由："毕竟，公司于我何有哉！"

企业应推进空气级数据应用，如支付宝的无感交费等，**实现数据采集的下沉；**应实现底层数据的成功采集和顺畅输送，让基层员工的拖拉散漫无所遁形，也使数据的处理实现自动化，确保组织末端运行的可靠性。

把数据用起来

数据的利用涉及需求与供给两个方面，要解决数据的供给和需求的对接问题。**整体的思路应是确定需求，根据需求确定所需产品或服务，从数据采集的角度，找出连接点，制订数据采集计划，需要修改软件的修改软件，需要增加硬件的增加硬件，需要更改流程的更改流程，保证所供即所需。**

我曾经参加过一个公司内部的横向信息共享平台建设项目。这个项目旨在解决各个业务模块客户信息未能充分共享的问题，建立统一的、有效的客户信息共享平台。根据这样的需求，从管理信息系统的角度看，目前能做的有几点：一、在业务开始添加系统记录时即要求操作人员填写客户相关信息，其中联系人与联系电话为必填字段；二、汇总各业务模块现有的客户信息（包括合作协议中列明的、各种线上线下活动中采集到的等），并保存进系统数据库；三、若检索到系统中已有信息，则由系统自动进行匹配，由经办人确认或修改；四、与现有开票信息相关联并比对，若两者不匹配，则系统报错，需修改。这一平台以终为始，倒推流程的安排，把数据采集嵌入正常的业务流程中，通过开票、成本支出与费用报销倒逼业务部门及时、准确维护客户信息，把客户信息从业务人员和业务部门处纳入系统平台中来，逐步建立与完善客户信息库。

目前，大多数人惯常的思维是“有问题找数据”，通过数据寻找问题的答案；或者“观数据找问题”，如通过成本分析确认企业运营中成本高企的流程或业务，还有内控人员、内审人员很熟悉的分析性复核程序也是典型的通过数据找问题。但是，**未来的大趋势会是“用数据找机会”，这也是当前的小趋势。**如果说前者是数据的基础功能，那么后者就是数据的升级版功能，是提升内部运营效率或降低内部运营成本的机会，也可以提供发现新的商业机会的可能。

企业的管理信息系统中储存着大量的数据，职能部门则有大量的需求，通常也会有职能部门做数据汇总、统计和分析，但着眼点多在于内部运营管理，而非关注向外发现企业机会。

也许我们会认为企业的数据目前还少，没有利用价值，还是先收集数据，待将来再用。这样的观点是错误的。车品觉认为，数据应用因小而美。这里的“小”指应用的目标要具体。如果收集数据的出发点不是为了解决问题，那么收集再多的数据也没有什么意义。何况数据也是有生命周期的。**只有把数据用起来，产生实际的价值，才能开启供应、需求正向反馈的循环。**我们终会发现数据越用，数量越多，质量越高，需求也越能得到满足。

数据化运营

企业应将底层数据处理自动化，推进数据利用的正反馈，除了用统计数据做决策参考外，还要将数据分析框架应用到企业运营中。我们可以连接全渠道，对各种用户数据做集中统一管理，提供大数据分析和可视化处理，提供用户标签体系，同时和营销自动化无缝衔接，实现从洞察到执行的完整数据变现。我们可以建立客户交互管理系统，在恰当的时间做出个性化的交互，让客户的跟进变得高效和即时，通过各种数字化的触点和用户建立直接的联系，逐步了解用户，建立属于企业自己的流量池。从各项业务或活动中，推进企业整体数字化转型的各种场景，迅速验证效果，不断迭代。**从连接全渠道到各种用户数据的集中管理，从大数据分析到可执行的最佳运营策略，从自动化执行到效果监测，帮助企业内外协同，跨越从数据到增长的鸿沟。**

传统企业运营于数据化社会来说是“客人”，实现数据化运营是反客为主。车品觉认为，大数据时代的数据治理，一定是将有形的管理策略化成无形的智能产品，从一纸命令变成根植在每个人脑中的信念和下意识的习惯。这就离不开日复一日的长期操练和一贯的坚守。

以前，我们带着问题去找答案，先合理假设，再找数据验证假设或修正假设。如今，我们可以让数据带我们去探索未来。信息化只能为我们提供参考，而数据化却可以让我们直接行动。信息化是从局部抓问题关注闭环，数据化则从全局找机会关注大势。企业高级管理层最怕只见观点不见数据支撑，也怕只见一大堆数据报表不见观点提炼，更怕那些带着观点然后找数据来证明的分析师。管理者应保持开放的心态，让数据指引企业运营。

了解数据背后的故事

我和同行曾经在社群里就 SAP、Oracle、NC 等各种通用的管理信息系统展开过讨论。有人认为只要理解和熟悉系统的逻辑就可以满足内控需要了，有人则认为不然，除了逻辑之外，还要了解那些数据背后的意义。

举例来说，你考了 98 分，“学霸”考了 100 分。你以为你和“学霸”之间的差距就 2 分，但你不知道的是，你考 98 分是因为实力只有这么大，“学霸”考 100 分是因为试卷只有这么多分。

数据是对事件进行数字化抽象的结果。相同的数字代表的意义可能完全不同。我们要弄清楚数据的背后有什么是我们所不知道的。**只有真正知晓数据的意义，知晓数据的来源和加工过程，才能进行准确的评估和正确的解读。**

对对象进行标签化管理是第一步。标签要分层管理，归类，再提炼。例如，对一个人，光贴年龄的标签还不够，在有些人的印象中，30 岁未婚的女人已经迈进“剩女”的行列，而 30 岁未婚的男人则还可以不急不躁，所以我们还需要加上性别标签；而同为 30 岁的女人未婚和已婚的差别也很大，所以需要再加婚姻状况标签；同为 30 岁已婚女人，有孩子和没孩子的也不一样，要再加上是否已育标签；同为 30 岁已婚已育的女人，有几个孩子的也不一样……

接下来我们便要了解数据的场景，搞清楚数据是怎么来的，进行多角度、多维度的观察和评估。多观察一些侧面，拉长时间跨度，有助于还原事件的全貌。另外，了解数据场景的渠道不仅包括原始数据，也包括直观的认识和体验。如果可以到达现场，一定要到现场去，看一看，听一听，聊一聊，想一想，感受一下。

但是**弄清楚数据的本质并不是目的，了解数据与数据之间的连接及其所揭示的知识，据以产生判断的事实才是最重要的。**弄清楚一件事、一个人，再理清楚这些事、这些人之间的联系，以及背后的逻辑才是对内控有意义的。这需要内控人员提升自己对数据的敏感度。

内控的敏感度从哪来？它不会凭空出现在你的面前，是要“泡”出来的。有个路径是充分利用午餐时间，接触不同部门的不同同事，了解他们的欢喜与哀愁，听一听企业里的“飞短流长”，这对了解很多内控事件的背景很有帮助。

经常有人会问，我刚到一家公司怎么着手开展工作比较好呢？或者我刚从财务部门或总裁办公室或其他部门转来内控部门，应该怎么开展工作呢？或者我遇到了这样的问题，“大神”们可有什么好的解决办法？看到这样的询问，我一般要么建议他去熟悉公司的业务，要么建议他去熟悉公司的人，要么建议他去搞清楚自己这个人或自己所在的这个部门为什么要存在，要么要求他把问题的背景阐述一下。所有跳出场景说数据的行为只能被认为是肤浅的，所有跳出背景说内控的行为只能被认为是在闲扯。

我们应在平衡成本与效用的前提下，分解问题、分解数据。早一点从本质出发思考问题，少犯错误，我们就会离成功更进一步。有时候答案会显得不那么重要，思考的角度才更重要，培养和训练我们的数据化思维已势在必行。

《指数型组织》中提到未来的企业中首席数据官将会取代首席执行官成为最重要的管理岗位。车品觉认为，数据是资源，是资产，是一切，甚至是信仰。未来，数据也许会成为世界新的霸权与不公平的来源，总是一些有权力的人掌握数据，让大众听算法的。我们日益成为产品而不是用户。但在现在，数据是内控的抓手，也是企业内控的基础。通过数据的养和用，夯实企业内控的基础；反之亦然，企业内控的基础打牢了，数据的养和用才有根基。

要点提示

1. 用无感技术采集数据，用无忧方案管理系统，切实又可依赖。
2. 数据采集的可靠性越高，数据更新的难度越低。
3. 系统是开发给人用的，我们需要充分考虑用户的使用习惯，提升用户的体验感。
4. 我们需要考虑系统的适用性和可扩展性，尽可能保证系统的“长治久安”。
5. 保证管理信息系统的数据准确、及时、真实，是一个系统工程。
6. 数据的更新与维护应以监控和监督为辅，以系统设计与技术支持为主。
7. 养数据，就是相关人员主动思考企业的运营需求，主动去寻找数据，找到数据的来源途径，而不是被动地有什么数据就收集什么数据，然后再采取合适的、行之有效的采集与更新措施，留存与利用数据。
8. 数据利用所面临的挑战：数据信息不完整、不准确、不及时；数据信息分散在不同部门，缺少有效整合；日常信息量大，难以捕捉有效信息；信息资源集中在高层，对基层的支持作用有限；系统的更新与迭代缓慢，达不到累积效应产生的奇点。

9. 通过加强数据利用，实现数据采集——数据利用——企业运营——数据采集的闭环管理。

10. 数据利用的解决方案：数据下沉、把数据用起来、数据化运营、了解数据背后的故事。

心/得/与/思/考

第三部分

企业内部控制与运营中间层设计

连接顶层设计与底层数据的是执行这一中间层。没有执行，一切都是空谈。企业内部控制的核心在于执行，也就是利用从管理信息系统中得到的信息识别、分析风险，建立执行网络，因时因人因事制宜，因势而谋，顺势而为，整合各方利益，找到并培育内控执行的关键据点，借助顶层的资源支持逐一落实需求清单上的事项。

第五章

搭建内控执行的基础架构

写在开头的故事

某日，我和一位做财务经理的朋友聊天。一见面，我就觉得她很憔悴。不待我问，她已经打开了话匣子。

“真没见过这么粗心的、不负责任的人，我们的出纳又付错款了。”

“这次还搞大了，竟然付错了近500万元。”

“这不，我费了老半天劲才把钱款给追回来。”

我心想，这不是粗心的问题吧，是你们的内控出了问题。“她通常是不是在月底的那个付款日犯错？”

“还真是，越到月底忙的时候她越出错。看她也挺辛苦的，一整天都要付款。”

我想，这就对了，越忙越错。“出纳付款不需要经过复核吗？她一个人就可以付款出去了？”

“当然有复核，我们有两道复核程序。”

这么说来，看上去公司不相容职务分享的控制程序还是存在的。“那么出纳弄错了，后面两道复核的人在审查的时候为什么都没有发现，他们都当了‘睁眼瞎’。这是为什么呢？”

由故事引出的

在财务上，因出纳付错款而去追回款项的现象不少见，被要求退款的情况也很多，比这严重的情况也有。曾经有一家公司因采购人员下错了单，用错了材料，导致成品达不到质量标准，给公司造成了近千万元的损失。“只要是人做的事，都不可避免会出错。”相信做内控的我们对这句话都不陌生。这句话可能是事实，但也是一种借口。

规避重大错误本身就是内控的职能之一。公司出现了重大错误却没有发现，并且还一而再、再而三地出现，表面上看是“人”的问题，但深挖下去都是“内控”的问题。

内控建设中最尴尬也最无奈的情形不是没有内控制度，也不是内控制度不完善，而是内控制度贴满墙但企业上下根本没有执行或者只是做表面文章敷衍了事。如何建立“内生性”的内控制度，提升企业自身内控运行的造血能力，是一项考验企业管理者和内控部门功力的工作。当内控缺失或不完善时，企业会自我完善；当内控不合理时，企业自身也有调整机制。这是一种理想的内控运行模式，其不需要内控部门或人员做运动式、突击式创新，也不用做专项整治，而是要进行持续的创新与改善。

本章对执行网络的搭建进行阐述。第一节介绍如何让各职能部门和各岗位做好本职工作；第二节从形成团队共识开始，通过及时和有效的反馈，主动有效的补位，加强团队建设，打造内控的执行网络。

第一节　建立职能本位

与其临渊羡鱼，不如退而结网。内控部门或人员应以职能部门为经，以业务流程为纬，编织出一面内控之网，在需要的地方设置“结点”，即控制点。为什么出纳出错，接下来的两道复核也都接连出错？究其原因，就是各岗位人员没有做好本职工作。本职工作做不好，渔网的网点就散了，鱼就溜了，钱就付错了。

内控建设并不是新事物、新要求。内控执行不到位，同样也是一个老大难问题。为了更好地实现内部控制，我们是不是需要另起炉灶建一套内部控制系统呢？即使不需要，那是不是也要加派一些内控人手呢？答案是不需要。

内控谁来做？全员，各司其职。让公司全员各自负责完成自己的职责，做好所承担的工作。对，就是这么简单。

纵观失败的内控，不外乎两种：一种是一些人做，另一些人看，通常看的人还话多，指手画脚，唯恐天下不乱；另一种是董事会、管理层、职能部门没有把自己该干的活干好，反倒把别人的活抢过来不少。例如，该做决策的人干了管理的活，做管理的人干了操作的活，做操作的人反倒瞎操心决策，职能错位。**其共同的问题都是本职工作没做好。**

内控部门或人员要做好内控，得先关注内控的目的，即达成企业目标。换句通俗的话来说，就是把事情做好。为了把事情做好，内控部门或人员应思考规划布局，设置组织架构，梳理流程，并不断调整完善，以期达到效率最高、效果最佳。

企业在草创时期一般都规模不大，职能分工很粗，一人身兼数职，岗位、流程的分拆都很粗糙。这时候的内控更关注团队和文化建设、企业核心成员的技能拼接上，成员个体比组织结构更加重要。待组织规模达到 30~50 人时，部门设置开始明晰，制度和流程开始逐渐成形。待组织规模超过人类可深度交往的极限——150 人时，内控就成为必需品了。组织规模越大，对内控的要求越高，操作难度越大，但若此前走得踏实，基础牢固，反倒水到渠成。对比分析世界 500 强公司的内部管理，我们就能很容易地发现这一点。

在内控建设中，企业可以不单独设置内控职能部门，只确定牵头部门，如总裁办、经营管理部、综合部等，由其牵头建立沟通协调机制，积极发挥相关部门或岗位的职能作用。

随着组织规模的不断扩大，业务流程也渐趋复杂，有些企业因为企业性质的要求（如一些国有企业）或监管的要求（如上市公司）等，会设立纪检监察、内部审计或风险管理部门，此时可以充分发挥这些部门的作用。

也就是说，做企业组织的内控从来都不是在白纸上画画。通常情况下，我们需要做的是“装修”，而不是“建筑”。我们可以在不动基础框架的前提下敲掉一些非承重的墙，重新对布局做一些修改，新增部分设施，将其改造成适合自己使用的模样。

对于内控“装修”这件事，最重要的一点是**不要越权**。我们每个人都在组织中扮演着各种各样的角色，拥有着不尽相同的身份。例如，既是某些人的上司，又是某些人的下属，还是某些人的平行合作伙伴。虽然我们总在嘴边挂着“各司其职，各尽其责”，但我们只知其一是做好自己的本职工作，却往往不愿去“面对”它的另一层意思，即不要逾越自己的权力范围。这里的权力是相对于职责而言的，即可以“司其职”的权力。每个人承担的职责不同，其权力也不同，我们只需要做好自己的本职工作就可以了。我们可以提醒、建议，但绝不能越权，即使你的名义是为了企业的整体利益。

越权的主要表现有以下几种情况：一是不该决定的问题，擅自决定；二是不该管的事情，插手管理；三是不该执行的任务，越俎代庖。有些员工先斩后奏，把本不该他定的事情定了，然后才汇报，逼上司就范；有些员工设好“圈套”，让上级领导钻，出了问题往上推；还有些员工斩也不奏，封锁消息，自己说了算。没有人永久地甘于被领导，每个人都渴望获得职位上的提升。因此，每个人心里都有越权的渴望，只不过因为每个人对越权后果有着不同认识，所以采取不同的表现罢了。对越权后果认识不深的人就会发生越权的事情，而对越权后果有所忌惮的人就不会背着上司肆意行使权力。

之前我在和一位内控同行聊天的时候，他说起近来在参与的一件招标的事。从种种迹象都可以看出这次招标是围标，一些明面上的资料都不全，有两家报价没有盖公章，也没有法定代表人授权。他虽然当场提出来了，但是没有被采纳，招标继续进行，对方围标成功。他觉得是自己立场不够坚定，事后说起来还很懊恼，感觉没有尽到职责，没能及时终止招标。

这种情形，我想很多内控人员都遇到过。有时候恨不得自己冲上去阻止不合理的操作，有时候恨不得自己为职能部门写了制度、理了流程，有时候为管理层的某些“脑子进水了”的决策而惊诧，继而灰心不已。

那么，身为内控人员的我们怎么办?

首先，心急做不成内控。罗马不是一天建成的，内控也不是一天做成的。无谓的冲突于解决问题无益，于完善内控无益，反而容易把自己推上风口浪尖，成为众矢之的。有些事得放，有些人得让。有些问题不是一朝一夕才出现的，问题的解决也不是一蹴而就的。所谓事缓则圆，除个别重大紧急的，需要当机立断、雷厉风行的情况外，更多的时候还是春风化雨、徐徐图之更为有效。

其次，得想想内控的职责是什么。实施内控的目标在于建立一种管理体系，该体系需要组织的全体成员参与，涉及运营的全过程，旨在为实现组织目标提供合理保证。由此，内控人员在行使职权时并不需要纠结于某一件事或某一个部门。相反，可以把这样的事当作进一步完善内控的契机，把这样的人或这样的部门当作进一步完善内控的切入点或突破口。

最重要的是内控有内控的边界。各个部门都有自己的职责和权限。就拿招标这件事来说，负责招标的部门及其负责人有职责确定招标的流程、控制点和罚则。内控人员若直接将其认定为废标有越俎代庖之嫌。可以对照管理规定，若有明确规定该认定为废标的就废标，若没有就修改制度进行明确规定。但内控人员可以参与制度的制定，对流程及其控制点提出意见或建议，把话摆在台面上，把丑话说在前头。这才是正确的方向。

防止越权管理的工具和方法如下。

组织架构、岗位说明书是不可忽视的工具

在组织规模达到 150 人以上时，内控的重心就从团队和文化建设上转移到组织机制的建设上了。框架怎么搭决定了企业内部控制的骨架。组织架构要解决的问题是企业战略的落地问题，要很好地响应市场和客户的需求，要考虑内部管理和控制的需要。组织架构的本质是为了实现企业战略目标而进行的分工与协作的安排，组织架构的设计要受到内外部环境、发展战略、生命周期、技术特征、组织规模人员素质等因素的影响，并且在不同的环境、不同的时期、不同的使命下有不同的组织架构模式。组织架构的设计并非随心所欲，要能实现企业的战略目标，增加企业对外竞争力，提高企业运营效率。

合适的组织结构设计强调组织的多变性，强调在变化的条件下进行经营管理和组织应对，以找出最适用的组织结构设计和管理活动。第一，企业面临的环境决定了组织架构的特征，就像沙漠的干旱和风沙决定了骆驼需要高高的驼峰储存水分和养料，海水的高阻力决定了鱼儿的流线型身躯。第二，战略不同，组织架构必然随之调整。就像蜗牛与羚羊，蜗牛的战略是当危险来临就缩进硬壳里面，所以蜗牛需要背着“房子”到处走；羚羊的战略是当危险来临时要快速奔跑离开，所以羚羊就需要强健的四肢。如果让羚羊背上“房子”，它又怎么能实施快速奔跑的战略呢？第三，在企业发展的不同阶段，随着组织规模的扩大和能力的改变，组织架构也要进行相应的变革来适应组织的发展。在创业阶段，企业需要快速反应来保证生存，组织架构需要简单，围绕主要职能来设置部门。如果组织架构过于臃肿、部门过多，就会造成流程割裂、效率低下，企业的生存就会出现问题。在企业发展壮大后，如果仍然粗略地设置组织架构，就会造成重要职能薄弱或缺失，企业就会缺乏相应的能力，企业的发展就会受到影响。第四，企业规模的扩大将会使组织的层级结构、部门结构与职能结构发生相应的变化。值得注意的是企业规模的扩大会相应地增加组织运作的刚性，降低其灵活性。人员与部门不断增多，要求企业进行规范管理。第五，人力资源是组织架构顺利实施的基础。在组织架构设计中，对人员素质的影响考虑不够会产生较严重的问题。员工素质包括价值观、智力、理解能力、自控能力和工作能力。当员工素质提高时，其本身的工作能力和需求就会发生变化。对于高素质的员工，管理制度应有较大的灵活性。例如，弹性的工作时间、灵活的工作场所（如家庭办公）、较多的决策参与权以及有吸引力的薪资福利计划等。人力资源状况会对企业的层级结构产生影响，管理者的专业水平、领导经验、组织能力较强，就可以适当地扩大管理幅度，相应地，就会导致管理层级的减少。

在组织结构和管理体系的设计上，企业要努力构建对企业各项业务发展起强大支撑作用和推动力的组织管理平台，使领导层形成强有力的统一意志并协调好各方利益关系，从企业的整体管理框架上对企业的资源进行有效的整合，逐步积累企业的核心竞争优势，并形成在重要业务方向上的突破。企业为了更好地发展，必须建立一套完善的组织架构来有效地执行决策，有计划地完成企业的既定目标。决策者不必奢求一步到位，也不要期望建立一套能持久不衰的组织架构，因为企业的组织架构也需要根据企业的目标和发展阶段来进行调整，不可能一劳永逸。

组织架构图的设计、组织架构的架设成功意味着设计工作完成，接下来便是执行。执行关注两个方面：一方面是执行的依据和过程，即按组织架构图设计的管理路径和岗位说明书明确的职责范围履职；另一方面是执行的结果，但只对岗位说明书明确的职责承担责任。举例来说，管理人员对所发出的命令承担决策责任，接受命令的员工只对命令执行的符合度承担责任而不对结果负责。

企业运营的过程是企业中的人合作完成对客户的价值提供过程，需要有愉快的氛围，同时也要遵守企业的组织架构和岗位说明书。但是，总有些员工经常做不属于自己职责范围内的事，做超越职权的事，说了不该说的，管了不该管的，做了不该做的。对员工的越权行为，管理者要及时进行适当的控制。方法如下。

方法一，重申职责范围。一旦下属出现了越权行为，管理者就要不失时机地召集所有下属，当面明确下属的职责范围，并且重申不得越权。对于出现越权行为的下属，直属领导可以让他叙述自己的职责。其实，这是一种不点名的批评。

方法二，先表扬后批评。有的下属责任心很强，有时做事一时性急，做了本应由上级做的事。对于这样的越权，直属领导应先表扬他的事业心、责任感，然后进行适度的批评，这样下属才会感到上级的公正、体贴，自己也会知道以后什么事该做，什么事不该做。

方法三，给予警告。有的下属权力欲望比较强，在工作中有意越权办事，以显示自己的才能。对于这样的越权，直属领导应该进行严肃的批评，并发出严厉的警告：下不为例。

方法四，因势利导。有些下属在越权处理问题时犯了错误，这时直属领导要根据实际情况采取措施及时进行纠正，力争把损失减少到最小，并就事论事，因势利导，教育下属汲取教训，警戒越权行为。

方法五，收回授权。如果下属屡次越权，而且经过警告效果也不明显，直属领导可以收回下属的所有权力，在一定时期内把该下属“晾在一边”，让其反省，这是比较严厉的惩罚。在一段时间以后，再视情况授予其一定的权力，而且当面交代清楚，不可再次发生越权行为。

方法六，撤职换人。如果以上方法都阻止不了下属的越权行为，直属领导应该考虑撤职换人。因为屡次越权说明员工的权力欲太强，对于这样的下属就应该果断撤换，不要迟疑。总之，对于下属的越权行为要根据实际情况妥善地解决。

以上是具体情形下的几种处理方法，内控人员可以与管理者就事论事地探讨与分享。对做好本职工作的肯定、对越权的不鼓励与惩罚性处理规则是内控制度可以明确的。

另一个工具是关键绩效指标

关键绩效指标（Key Performance Indicator，KPI）用于衡量岗位或部门的主要业绩结果。该工具以压力引导职责部门的行为使之聚焦于组织所希望看到的行为上来。KPI 是通过对组织内部流程的输入端、输出端的关键参数进行设置、取样、计算、分析，衡量流程绩效的一种目标式量化管理指标，是把企业的战略目标分解为可操作的工作目标的工具，是企业绩效管理的基础。KPI 可以使部门主管明确部门的主要责任，并以此为基础，明确部门人员的业绩衡量指标。建立明确的、切实可行的 KPI 体系，是做好绩效管理的关键。KPI 是用于衡量工作人员工作绩效表现的量化指标，是绩效计划的重要组成部分。

确立 KPI 的过程也是对公司战略目标分解的过程。其第一层含义在于，作为衡量各职位工作绩效的指标，KPI 所体现的衡量内容最终取决于公司的战略目标。当 KPI 构成公司战略目标的有效组成部分或支持体系时，它所衡量的职位便以实现公司战略目标的相关部分作为自身的主要职责；如果 KPI 与公司战略目标脱离，则它所衡量的职位的努力方向也将与公司战略目标的实现产生分歧。

KPI 来自对公司战略目标的分解，其第二层含义在于，KPI 是对公司战略目标的进一步细化和发展。公司战略目标是长期的、指导性的、概括性的，而各职位的 KPI 内容丰富，针对职位设置，着眼于考核当年的工作绩效、具有可衡量性。因此，KPI 是对真正驱动公司战略目标实现的具体因素的发掘，是公司战略对每个职位工作绩效要求的具体体现。

其第三层含义在于，KPI 随公司战略目标的发展演变而调整。当公司战略侧重点转移时，对 KPI 必须予以修正以反映公司战略新的内容。

企业的战略应该通过绩效考核来实现，而不仅仅只是从单纯的道德上来约束。只有从客观上形成一种在阳光下实行的奖惩制度，才能不会使执行做无用功。人力资源管理中的目标协议书利用 KPI 来管理执行力。该协议书从主要业绩、行为态度、能力等主客观方面来评价个体执行能力。

其具体奖惩措施包括奖金、工资调整、轮岗、评选优秀、储备人才培养等，同时实行一定比率的淘汰制。用“大棒加胡萝卜”来增强员工的敬业精神，来更好地管理执行力。

组织架构的设计，绩效考核的推进，目的都在于保证所设计的职能框架的正常运作。在公司的职能框架下，强调按照设计的报告路径分解目标并进行管理，员工完成分配的任务，提供合格的工作成果，做好分内的工作。

对企业来说，检查内部控制失效原因的角度有两个：设计有效性和执行有效性。一是看框架搭得如何，如果框架搭得不好，划的线乱，就先把线理顺。二是看执行，如果路线设计得没问题，但有人“抄近道”

了，那就从后期监管上入手解决问题。

在设计（包括组织架构的设置、业务流程的设计）上，有的企业为制度而“制度”，为流程而“流程”。有的制度、流程都是做出来摆摆样子，应付应付检查的。这样的制度和流程都是不起实际作用的。可以不完善，可以不全面，但一定要说的和做的一致。

基于组织架构和绩效考核体系设置的刚性的组织体系是一切灵活的组织体系的基础。做好内控的基础是切实履行本职工作。但是，对内控人员来说，只要做好本职工作就足够了吗？肯定不行，做好本职工作只是第一步。

第二节　打造执行网络

科学技术和人类社会发展变化的速度太快了。人类总要不断适应环境。

正如第二章第二节中提到的那个朋友和他的儿子，爸爸习惯于出门前看一下天气预报，如有可能会带上雨伞备用，而儿子只要不是外面下大雨，基本不会带伞出门，但他也总不会淋着雨回家。因为他总会找到雨伞用，如各种店家的爱心雨伞、地铁中的公共雨伞，再不就打个车回家。思维方式的不一样，也是对变化的一种适应结果。我们需要一种能力，一种寻找手边可以利用的资源，完成工作任务的能力。

人如此，组织的进化方向也必然如此。**做好分内工作是责任，做好分外工作是进取。**对内控人员来说，仅仅做好分内工作还远远不够，还要基于自己的本职工作，寻找内部的或外部的资源，超额完成工作任务。这就是本章开篇故事中所提出的内生性内控。

美国漫画巨头之一漫威推出的一部真人科幻动作剧《神盾局特工》是“漫威电影宇宙”的一部分，讲述的是神秘的正义组织神盾局的故事，它是一个关注地球重大风险管理的机构。自 2013 年，乘着《复仇者联盟》的东风，《神盾局特工》第一季一经推出就带动了一波美剧收视热潮，吸引了大量漫威粉丝追剧。

留给我印象最深的是其核心团队的组织和运营。其第一季开始有非常明确和严格的等级制度，如局长弗斯是 10 级特工，菲尔・科尔森（Phil Coulson）是 8 级特工，到第二季便被科尔森废除了；还有第五季中爱国者局长搞了个彩虹等级制度，最后也被废除了。这一组织大多数时间采用的是团队合作的方式，团队成员各自有各自的专长，通过训练加强团队合作的契合度，从而在“计划 A”不能奏效的时候，能立刻制订“计划 B”或“计划 C”。当然，团队成员也会有不能协调的时候，这时只需要负责人说一句“这是命令”，他们便各就各位。他们相互之间的信任也令人动容，如科尔森把《黑暗全书》托付给梅琳达・梅（Melinda May），托付给凯尼格兄弟，他甚至自己都不知道藏在哪里。

核心团队成员知道自己的本职工作是什么，并且每个人都完成得很好。例如，菲尔・科尔森具有极强的组织能力和行动力，负责团队行动计划的策划、组织与团队建设；梅琳达・梅是科尔森的得力助手，拥有极强的格斗能力，擅长驾驶飞机，外号“铁骑”，是团队中的“战士”；斯凯 / 黛西・约翰逊 / 震波女（Skye/Daisy Johnson/Quake）是个超级英雄，拥有制造强震荡波的能力，还拥有无敌黑客技能；珍玛・西蒙斯（Jemma Simmons）是生物化学家和医师；利奥波德・“莱奥”・菲兹（Lcopold "Leo" Fitz）是机械工程学家和电子工程师，队伍中的发明大师。

这样的由核心成员组成的团队，大家很多时候是各司其职的，而一旦进入特别时期，就会转变为超级团队模式。斯凯也可以加入格斗行列，菲兹和珍玛也能阻挡敌人一阵子，梅也能担任一下医护者。而每个人都可以承担起团队组织者和指挥者的角色，维持团队作战的功能。这就是**及时补位**。

团队成员及时补位的实现，一方面考验团队成员合作的意愿，另一方面考验团队成员合作的能力。团队成员的合作意愿绝对是外界强加不来的，基于团队的价值观与使命，也基于团队成员之间的感情；团队合作的能力则来源于默契，是长时间磨合出来的。

横向项目的推展是一个磨合团队的机会，实战演练更是必不可少的。在企业内控实践中，加强跨部门业务流程上的合作是不二之选。如果你的工作内容我不清楚、我的工作方式你也不了解，就难以判断工作上的漏洞与欠缺之处，何来及时、准确地完成团队协作之说呢？大家都明白各职能部门的本职工作，上下游工序的工作内容，甚至很了解与自己搭档的队友的优点、缺点、兴趣爱好，知道他们在什么时候、什么方面可以依赖，这样在进行团队协作的时候就知道哪部分还有欠缺，然后及时、精准地实现补位。

上述的补位只是线性的，在企业实践中需要关联的人、团队或部门很复杂，这就需要建立执行网络。

建立执行网络的关键

对目标形成共识

说到目标，就不得不提到一个很基础的原则，即 SMART 原则。

所谓SMART原则，即目标必须是具体的（Specific）、可以衡量的（Measurable）、可以达到的（Attainable）、与其他目标具有相关性的（Relevant）、具有明确的截止期限的（Time-based）。对团队而言，目标是旗帜，团结和凝聚力量的旗帜。

光有目标还不行，企业全员还需要对目标形成共识。目标共识是目标管理最重要的基础之一。有管理者说，我们开了会，传达了目标，员工都能背出我们的目标，这算是目标共识了吧。错！大错特错！目标共识指由内而外的目标认同，组织、个人都由内而外地对目标有高度的认同感，并愿意为之努力。

企业要想达成目标共识是离不开沟通的。通过沟通，帮助企业全员寻找共同的愿景和利益诉求，最大化地统一价值观。在遇到内部困难时，团队成员会多一些理解与包容；在遇到外部困难时，团队成员也能同舟共济。

为了达成目标共识，可以让大家共同制定团队规则，共同寻找工作方法，从而提升配合的默契程度和协作效率。例如，可以由团队成员轮值担任牵头人，其他团队成员进行配合或提供支持，要求团队成员共商、共建、共享。当然，这对团队成员的素质有要求，可以在知识型团队或创造型团队中推行。

有一致的理解和认识，才会有好的执行力。只有企业全员对目标达成了共识，才能以团队成员个体能力为基础，以成员间默契合作为核心，形成自上而下的合力，使企业执行更顺畅。**让团队成员对目标形成共识是打造执行网络的前提。**

及时、有效的反馈

执行的好坏要经由反馈而得知。反馈有两种，被动反馈和主动调研。反馈得来的效用可以用具体而细致的数据来展示。同时，我们可以从数据形成的曲线中了解产品销售走势或者市场占有率等情况，以趋利避害。企业内部的反馈也是如此，只有不断总结做得对还是错、好还是差、差在哪里、要如何改善，才能不断地获得提升。反馈是打造执行网络的保障。

这是本书第二部分内控的底层数据发挥作用的地方，内控部门或人员应通过数据的采集、处理和分析，及时准确地形成反馈，建立企业执行网络的“仪表盘”。

加强团队建设

个人绩效管理坚持责任结果评价导向，以“为客户创造价值”“相互协作”“差异化管理”为优化重点。

微软总裁萨提亚对员工提的如下三个问题，值得我们学习：

> 我如何利用公司已有成果提升个人或团队的工作效率？
>
> 我自己做了什么？
>
> 我帮助别人或团队做了什么？

这三个问题可以作为考评改进的参考标准。在结果中，不要过多强调个人贡献，重要的是整个团队在进步。

人类创造并相信虚构故事的能力越高，就越能发挥更多的能力。从石器时代以来，人类就是用不断自我强化的神话来团结合作的。智人之所以能够征服地球，最重要的因素就在于具有创造并传播虚构故事的独特能力。人类能创造虚构故事，并且能把这些故事流传出去，让几百万人相信。只要每个人都相信同样的故事、遵守同样的法律，就能进行有效的合作。**对团队建设而言，规则是核心。**例如，团队的运作必须合法合规。

随着企业规模的不断扩大，人数逐渐增多，专业分工不断细化，部门和职务的数量逐渐增加，企业活动的内容日趋复杂。企业规模越大，需要协调与决策的事务就会不断增加，管理幅度就会越大。但是，管理者的时间和精力是有限的。这一矛盾将促使企业增加管理层级并进行更多的分权。组织规模越大，组织的刚性越大，越不灵活，因为人员与部门的不断增多要求企业进行更加规范的管理。企业将会制定详细的规章制度，并通过严格的程序和书面工作实现标准化，对员工和部门进行控制，进而就容易导致采用机械性的组织架构。正如任正非所认为的那样，公司大到一定程度，有些“南郭先生”掌握了行政权力，带来的后果就是僵化，因为只有僵化才好管理。

那么，如何鼓励员工的“百家争鸣”“百花齐放”，激发基层团队的工作活力呢？**这就需要企业在达成团队共识的前提下，在确定的运作规则下，一方面鼓励员工在本职工作范围内进行创新增加产出，另一方面扩大横向沟通，构建不同于正式组织架构的非正式组织。**例如，对于高素质的员工，企业应制定较为灵活的管理制度；适当地扩大管理幅度，减少管理层级；建立交叉的非正式组织，如兴趣小组、梯队小组、主题工作坊等，增加团队成员之间的联系触点。企业应通过横向的沟通与连接，穿过部门间、团队间的沟通壁垒，在项目和非正式组织中建立团队合作关系，扩散团队成员的非职位影响力，更大程度地融合团队；在正式的组织体系之外，搭建展示的平台，鼓励有想法、有能力的团队成员发挥作用，做企业所期望看到的事，帮助企业实现目标。

对团队建设还有一个重要的影响因素就是团队的领导者。**有意识的、优秀的团队领导者是完成团队建设的关键一环。**

在这里，我们用一个例子来进行说明。每年年底，某公司都要进行内控自评。某一年自我评估的主题是公司治理，主要针对公司治理的一些风险和控制点来进行评估，让子公司管理层从自评表提示的角度进行一些思考。其中，某个子公司在发放自评表的时候，虽然强调了内控自评的意义和作用，但从提交的表单看有些就是应付“检查”用的。例如，有所谓的月度考核表，但实际上没有执行；有某某制度和某某流程，如何如何执行，但这与平时给大家的印象和以往的审计结果都有很大的出入。相反，同样的自评表在另外一个子公司就是另一番景象。虽然有些地方目前还有缺失、有些地方还不完善，但是他们就把这一份自评表当作一个契机，仔细检查，找出需要完善的地方，排订改善计划，跟踪落实，切实在不断地完善自己的内部控制系统。

前一个公司的设计就是形式上做了内控，实际上我行我素，眉毛胡子一把抓，管得好不好很大部分靠运气。而后一个公司则不然，其内控制度是可持续的。成功的团队都会以积极主动的方式寻找应对的策略，并以此为其行动的出发点。

各个职能部门的管理水平参差不齐，各个员工的技能和能力也高低不一，内控的执行网络要靠内控部门带头去“织”、去“补”。内控人员要充分发扬“钉钉子”精神。做内控就好比钉钉子，只有一锤一锤接着敲，才能把钉子钉实、钉牢。做内控何尝不是如此？改变并非一朝一夕之功，需要沿着正确的目标不断努力、持之以恒。

要点提示

1. 不需要另起炉灶地重建一套内控系统。
2. 内控谁来做？全员，各司其职。
3. 内控失败的原因之一是本职工作没做好。
4. 在内控建设中，企业可以不单独设置内控职能部门，只确定牵头部门，由其牵头建立沟通协调机制。
5. 不要越权。
6. 防止越权管理的工具和方法：组织架构、岗位说明书、KPI。
7. 团队成员及时补位的实现，一方面考验团队成员合作的意愿，另一方面考验团队成员合作的能力。
8. 建立执行网络的关键：对目标形成共识，及时、有效的反馈，加强团队建设。

心/得/与/思/考

第六章

制定内控执行的个性化解决方案

写在开头的故事

我曾经供职过一家制造型企业。该企业做OEM（定点生产）和ODM（原始设计制造），主要加工形式为产品的组装，行业竞争非常激烈。企业基本采用为客户就近设厂的原则，以便于因应客户的零库存要求，同时也可以控制运输成本并保证产品的质量。同样，企业对供应商的要求也基本类似，围绕企业就近设厂。例如，客户的工厂设在上海，那么我们也在上海设厂，我们的供应商也在上海设厂；如果客户的工厂设在广州，那我们也会在广州设厂，我们的供应商也同样会在广州设厂。

生产产品的主要材料大多由客户指定供应商和价格，剩余材料大多由集团统一指定供应商和价格，并且都用料号一一控制，不同子公司、不同时点、不同机种之间都可以进行对比分析，采取控制措施。唯有对包装类材料（如瓦楞纸箱、PE缠绕膜、封箱胶带、Tray盘等）、栈板之类的耗材，企业采购部门有权选择供应商并决定价格，并且管理相对粗放，没有料号控制。就算采购的是同一家供应商的产品，规格也会五花八门。例如，同样的包装用的缠绕膜，有的规格是 30cm × 50m，有的规格是 30cm × 80m，有的规格是 25cm × 100m，不一而足，从而使各子公司的价格完全没有可比性。缠绕膜作为一种石油产品，理论上说，价格的变化趋势应该与国际油价趋同。然而，我们却发现相似产品的价格在子公司之间有差异，甚至采购价格的涨跌趋势竟然与国际油价的涨跌趋势相反。

内控部门试图对耗材也推行统一料号控制，但采购部门一直以耗材与产品无直接关联、规格无须统一所以价格也就无法统一等为借口，不接受建议方案。管理层因并未面临现实的业绩压力，所以也没有对材料成本占比 5% 以下的耗材加强管控的紧迫感。

直到行业的利润率越来越低，在努力开源的同时，管理层的目光开始投向节流，关注成本占比不大的耗材成本管控。而此时，集团的专项审计又推波助澜，对采购部门进行舞弊审计。在这种情况下，管理层才把尘封已久的对耗材推行料号管理的建议案翻出来，限期落实执行，并持续追踪。将同一事业部不同厂区之间的、同一料号的耗材进行采购价格的横向对比，同时将耗材的整体平均价格曲线与国际油价的涨跌进行对比，而后采取相应措施。其成效也是很明显的，第一年节省了近千万元的采购成本。

由故事引出的

要做的事情还是那件事情，人也还是那批人，为什么前一次碰了南墙，而后一次却一路绿灯呢？因为时机对了，建议案的切入角度又合适，正好能解决管理层所面临的问题，并且联合了集团审计这一外援力量。这就引出一个问题：对内控部门或人员来说，针对一个管理事项，该制定什么样的内控方案，在什么样的时机，联合什么样的人，借什么样的势，以什么样的方式去推动，又要达成什么样的目标？

本章用四节内容来论述内控执行个性化解决方案的制定。第一节主要阐述内控项目落脚点的选择，要求具备可触达性、可操作性和可控制性，以及通常有哪些事情可以选作内控项目的落脚点。第二节则主要展示内控项目推进时机的把握，等待时机、识别时机、把握时机、创造时机，让内控项目的出现变成顺理成章之事。第三节论述如何利用外部的、内部的各种势。第四节则从内控职能未来趋向的角度做一些提醒：轻鉴证、重咨询。

第一节　找好落地点

乒乓球运动从根本上说有三个基本要素：速度、旋转、落点。对于成年球友来说，其基本动作早已定型，在速度、旋转上恐难有提高的空间了，那么落点就成了其寻求提高的最佳突破口。

内控的落点同样也很重要，其决定着接下来的动作安排，关系着内控项目的推进路径、资源安排，甚至关系着项目的成败。就以本章开篇故事为例，该公司关于成本的内部控制总是以主材管控为落地点，当主材的成本下降空间已然不足时，管理层只能把落地点放在耗材管控上。而在成本控制的早期，把落地点选为耗材管控就注定了失败。

内控落地点的影响因素

内控部门或人员在选择内控的落地点时，需要考虑哪些影响因素？需要做哪些准备工作？

可触达性

所谓可触达性，即所选择的落地点是可以接触和到达的。毋庸讳言，企业中的“部门墙”一直存在，过去存在，现在存在，未来还会存在。必须承认，内控部门总是受限的，或者在某些领域或方面是存在能力缺陷的。在选择落地点的时候，内控部门需要考虑落地点的可触达性。尽量避开封闭性的部门、自身专业或人员力量不能覆盖的领域。如果内控团队在某些领域还是只“小蚂蚁”，为何要和“大象”掰手腕？

可操作性

对于任何项目，想要获得好的结果，项目人员都必须结合项目的资源状况、环境条件编制具体的实施方案，进一步组织管理、行动操作，最终获得想要的结果。在选择落地点的时候，内控部门或人员需要盘点自己所拥有的资源、进入的时机等，综合考虑项目后续的推进情况。若评估结果显示可以操作，再予以选择；否则，应果断放弃，另做选择。

可控制性

顺利推进项目的前提之一是对项目有一定的控制。这需要内控部门或人员综合考虑可以用的资源条件、项目本身的特性、项目各方参与者的配合程度，判断其可预测性和可用性。如果项目的推进情况是可以预测的，是可以通过自身资源调用与合理安排来实现预期目标的，则项目可控，可以选为内控项目的落地点。

落地点的常见选项

高级管理层最关心的事情

高级管理层的视野和眼界通常会胜普通员工一筹，他们所关心的事项一般都有其独到之处、可取之处。正常情况下，能走到高级管理层位置上的人都有非常之能力。也许我们会说那位老板真心不怎么样，我坐到那个位置上都比他做得好。而这仅仅是臆想，真坐到那个位置上，你未必如他。何况，你会发现他们想做的事，通常也是内控部门想要做的。

更重要的是，高级管理层通常是企业的掌舵人，决定公司的战略方向和经营计划。他们所关心的事项绝大多数是基于公司战略需要的，对公司很重要。

这一点很符合内控项目落地点的可触达性、可操作性和可控制性的要求，是一个完美的落地点。内控部门或人员万不可错过。

组织中最棘手的事情

俗话说，家家有本难念的经。每家公司都有自己的优势，也都有自己的难处，有的是新增的问题，有的是长期累积的结果，有的甚至是“娘胎里带来”的毛病。在很多公司，财务部门与业务部门的关系都不太好，甚至十分紧张。财务部门的一点小问题就会被告到负责销售的副总那里，有的不是问题的问题也被业务部门拿来说事。而有的业务部门对财务部门怀着严重的抵触心理，认为财务人员多数都办事呆板，缺少灵活性，只会说“不”，不会说“是”，缺乏服务意识。财务部门作为后台服务部门，要求业务部门配合的事情，却总被业务部门以种种借口推脱。财务部门会认为销售部门的人只知道做业务，完全不考虑风险，为了成单就一味地迁就客户，之前的款项还没收清，便又想出货，如果出现坏账就会是公司的损失，还影响公司的现金流。这种业务部门与后台支持部门间的冲突与对立事件每天都在上演。

我们得承认，有些问题积重难返，也许无力回天，但是也有些问题是只要动手就有改善的可能的。业务部门和后台支持部门之间的冲突与对立就有改善的空间。例如，双方可以共同向前走一步，了解对方的关注点，理解对方的出发点和困难点；也可以各自向后退一步，在各自可能的范围内予以支持与配合，在共同的企业组织目标下，用各自的专业知识与技能为对方提供支持。

内控部门可以充分利用自身在资源整合和项目推动上的优势，抓住诸如关键指标的改善、共同痛点的解决和共同痒点的发现等契机，将内控项目落地实施。

内控需要做的事情

公司有公司的战略安排，内控部门也有部门的长期规划，内控部门需要扩展联系、建立威望等。于前者而言，内控需要的是面上的广度，需要尽可能地与更多的部门形成接触点，建立联系，可以选取一些难度不高、阻力不大、接触点多的项目，如资产管理、合同格式统一、内控手册修订、内控自评等。于后者来说，内控需要的是纵向的深度，接触点不一定多，但可以最大限度地挖掘项目的深度，可以选取一些把握大、短期内能出可视化成果的项目，将其做深做大。

选择落地点的注意事项

找准切入点

何为切入点？所谓切入点就是突破口，是开始切入的地方，也是解决问题最先着手的地方。打个比方，如果问题是个苹果，切入点就是我们最先下嘴咬的地方。切入点找对了、找准了，事半功倍，否则会事倍功半。

对内控部门或人员来说，若要找到合适的切入点，熟悉业务、了解业务仍然是重点。只有加强调查研究，理解上情、通彻下情，及时准确地了悟各项政策措施、决策与运营管理机构的意图与计划，摸清楚业务的真实状况，才能找到内控项目的切入点、着力点和突破口。

相信很多公司都存在这样一个问题：各种想法满天飞，个个看起来有创意、够炫酷，但一要落地实施，就困难重重、问题频出。也许有些创意本无多大可行性，也许有些创意还需要契机才能落地生根，但也许有些创意只需要略做调整，找到合适的切入点即可。

曾经有一位来自其他企业的朋友参加一家行业竞争激烈的制造型企业的项目沟通会，会后，他觉得他们领导一直要求的提高会议讨论的效率这事儿有眉目了。原来，他所在企业的领导总认为会议讨论的效率太低，会议决定事项的落实程度远远不够，参会人员齐全的定期会议往往沦为例行工作的数据罗列，想要改变，却又不知从何处着手。参加完那次项目沟通会之后，他给领导提了一个改善方案，即从重新定义定期总结性会议的报告框架开始，让汇报人将报告的重心落在未来的计划上，而不仅仅是对过往工作的乏味总结，从而将会议讨论的重心从总结过去转移到规划未来上，更促使与会者，即可能的工作支持方或合作伙伴共同参与未来的行动，及时了解工作的当前进度、推进计划、遇到的困难与障碍以及所需要的资源支持等。

大的单点，小的成串

内控部门一般都有敏锐的感知能力，能从细微的线索中发现问题，属于能见微知著、一叶知秋的那类人。但若不加控制，就容易滑向另一个极端，吹毛求疵、鸡蛋里挑骨头，将在别人看来丁点儿大的事说成天大的事。

对于不合规的情况，内控部门不必发生一起揪住一起，出现一人抓住一人，可以有意识地做好平时的归集、整理工作，然后在必要的时候抓住合适的时机进行整合处理。例如，我们把几件相关的小事串联到一起提出来或者把几个相关的事件连起来加以处理，既可以实现批量解决问题，又可以将问题升华从根本上加以解决，往往有事半功倍之效。

若所涉及事项的严重性高、紧急性强，那么内控部门完全可以使用“雷霆”手段。因为这本身就满足了落地点的“可触达性、可操作性和可控制性”的要求。

做好预案

下棋高手都是会算棋的。算棋是下棋者在自己棋力的基础上，对每一种变化的结果进行精确的计算和了解，最终选择一种对自己最有利的下法。若一方能算四步，另一方能算五步，那基本就是胜败立分的，这就叫“棋高一着”。

内控项目的推出也需要提前筹划，虽不至于走一步看三步，但基本的预案要有。也就是说，内控部门需要在选择项目的落地点时综合考量，做好预备方案——可以有备选的落地点，可以有项目推进的 B 计划，可以有合作伙伴的替代角色等。

第二节 把握落地的时机

本章开篇故事中提到内控部门一直试图推进耗材统一料号管理的项目，但无奈一直没有进展，直到管理层开始强调节流、开始关注从各处挖掘降低成本的机会，才顺理成章地让项目落地执行。

时机很重要。我们讲究“天时地利人和”，“时”被放在首位。就像植物一样，大冬天只有光秃秃的枝丫，只有春天到了才会发芽。**时机到了，及时抓住，则水到渠成；时机未到，贸然行动，则会折戟沉沙、功败垂成。**

内控部门在提出建议时，首先要看内控的需要。在天下太平、形势大好之际，若无切实凭据，最好不要无端生事，瞎折腾。这时候要提内控建议，跟人说该居安思危了，得看对象，弄不好就没有好果子吃，并且于内控目标无益。毕竟没有人喜欢在自己雄心勃勃、准备大展宏图时有个人在边上不合时宜地阻拦！有需要，还得看时机。明知道要推行这样的内控措施才好，但贸然提出，多半管理层也难以给内控部门实施的理由。但内控部门若以外部监管的名目抓住外部审计的时机，或在某些事件发生的当口提相应的控制建议，通常是受欢迎的，往往也能顺利推进。

在内控实践中，除个别十万火急的事需要紧急处理之外，绝大多数

事情都可奉行事缓则圆的原则。尤其是在一些企业组织的主要管理者比较激情多变的情况下，通俗一点来说，掌舵者喜欢“想一出是一出”的时候，对违背内控原则或组织分工的事情，如有损内控独立性和客观性的事情，内控部门就可先拖上一拖，再等待合适的时机提出合理的建议。

这是一种比较常见的情形。经常会有一些同行抛出一些很奇怪的对内控的定位，如认为内控只要把一叠内控手册拿出来就好了，别瞎掺和；认为内控就是要控制一切不安定因素；认为内控就是管住所有老板想管住的事情，让老板安心。简单来说，有一种内控叫“老板认为的内控”。事实上，一切听老板的话乱做出来的内控都是无效的内控，只有坚守内控原则的内控才是生机勃勃的内控。

等待时机

内控人员得修炼一门功夫，即用心、用眼、管住嘴。有些紧急时刻、紧急事情需要快速反应，及时处理，如涉及安全、合规等问题。但更多的事情只适合看在眼里，记在心里，等待合适时机再予以处置。若内控人员总是“路见不平一声吼”，到处指手画脚，很快就会发现麻烦来了。这或者会让人觉得内控没事找事，处处找存在感；或者会让人觉得内控狗拿耗子多管闲事；还可能会让人觉得内控大惊小怪；更可能会让人觉得内控不过尔尔，从此不把内控放在眼里。

内控部门或人员要守得住寂寞，这不是要内控不作为，只是要等待合适的时机。在沉寂的时间里，内控部门或人员要做的是筹划和观察。对接下来的行动进行周密计划，形成行动方案，包括方法和路径的选择、所需要的人财物信息等资源、时间安排、项目结果预期等。

正如本章开篇故事中所提到的那个内控项目，在屡次尝试推动未果之后，内控部门并未轻易放弃，而是扎实做好准备工作，拟订方案，对耗材与主材一样采用料号控制，并在不同厂区之间进行横向对比，还与国际油价的涨价趋势进行吻合性检查。与临时起意推动的项目相比，这一行动的效率自然要高，效果自然要好。**哪有什么内控高人，其只不过是思虑在前、落实执行再加跟踪在后罢了。**

若你已做完该做的、能做的事情了，那就静待时机吧，等待一个导火索、一个由头，让内控项目的切入自然而然、顺理成章。机会总是留给有准备的人。你会发现这样的机会并不缺乏，也不复杂，只要用心就不难发现。

创造时机

如果有些项目亟待推进，但又没有合适的机会，那么内控部门或人员应该怎么办呢？那就只能“有机会要上，没有机会创造机会也要上”了。以下有几招可资借鉴。

纵容

在内控实践中，总有一些人或者很自负，或者很有权力，或者很狂妄，或者很固执。如果软的、硬的手段都试过，相关方就是油盐不进，那就“纵容”他们。让他们尽情地折腾，一条道走到黑，自己撞墙去。总有一天，他们会了解你要推进的内控项目是十分必要的。

合纵连横

内控在机会的挖掘上可以借鉴古人的合纵连横之术，整合各方的利益诉求，推动共同问题的解决。

以史为鉴，合纵需要团结，连横需要发展。即合纵的各方必须要懂得放弃，学会“舍得”，大舍才有大得，不舍永远不得。而连横的一方必须要在与别人合作的同时，不断深度挖掘自身的潜能，强大自我。

内控部门需要在与各方取舍合作之间，坚持内控的目标，而不是为了纵横而纵横，为了“玩火”而“放火”。**合纵连横、纵容放浪都只是手段，而不是目的。目的在于创造推进内控项目的合适时机。**

如果时机等不来，也创造不来，那就只能放大招了，看“势”。

第三节　顺势而为

雷军说：“只要站在风口上，猪也能飞起来。”顺势而为总好过逆流而上，毕竟有谁能阻挡历史的滚滚巨轮呢?

在企业组织里，事情不在于做得多，而在于做得对，做在点子上，做真正有利于企业发展的事。先决定做正确的事，然后再是把正确的事做正确。正确做事要看事情本身，也要看面对的对象，对不同的人要使用不同的方法。

近十年来，有一个朋友的老板换了好几任，他在每个老板的任期内都表现不俗，可以说是平步青云，同事们对他的评价也很不错，他也着实为所在公司做了几件有意义的大事，为公司的成长与壮大提供了制度和信息系统的保证。他的心得就是“我们从来不提管理层不关心的事”。

对这句话的解读就是六个字“讲政治、懂战略”。扩展开来就是想管理层之所想，急管理层之所急，为管理层之所需。管理层通常是企业组织的掌舵者，他们承担着管理的责任，同时也拥有相应的权利。毋庸置疑，这样的设计也是出于组织运营与管理的需要。

“讲政治，懂战略”的目的是找到工作重点和方向，而不是要玩弄政治。对内控人员来说，了解了就足够，不代表要这么去做。总而言之，还是建议大家做个敞亮的人。内控人员对职场政治应坦然处之，不避讳，也不逢迎。

理想越宏大，现实让人付出的代价就越大。走着走着，你就会发现眼前只剩荆棘，然后在披荆斩棘的过程中可能会慢慢忘记了初心。对内控部门或人员来说，唯有看好行业趋势、企业大方向，才能走对路，达成目标。所谓“既要埋头赶路，也要抬头看路”。**在成熟的企业组织里，看战略；而在不成熟的企业组织里，就得琢磨董事和高级管理层等领头人以及能影响这些领头人的人了。**

琢磨战略或琢磨领头人，对内控的意义在于找到风口，找到让内控这只猪可以起飞的风口，找到可以借的势。**应势而谋，因势而动，顺势而为，顺应潮流而动，因应趋势而为。**

势之一，外部大趋势

外部大趋势，如政策趋势、技术趋势、人口发展趋势等。例如，从政策上看，有涉及每一家企业的财税政策变化，减税是一大趋势，轻事前审批重事后监管是一大趋势，这些都要求企业的运营越发强调合法合规。此前，有些企业还有空子可钻，随着越来越多的系统的推行，尤其是金税三期的上线，迫使企业的运营更加合法化、规范化，也对企业的运营数据后台与记录提出了更高的要求。若内控部门或人员因应这一政策趋势提出规范化公司的社保缴纳及完善相关的管理信息系统，就是一件顺势之事，推行的阻力会大大减少，若提前几年则可能完全相反，对有些企业的老板来说，省的每一分钱都是利润。

近些年，技术的发展日新月异，工业机器人技术越发完善，无人工厂、无人仓库等层出不穷。同时，中国的人口流动趋势也揭示出人口越发从一二线城市向三四线城市回流，这就导致了企业招工难的现象越发严重，并且即使能招到工人，其人工成本也越发高涨，导致企业用工成本高企。这都使过去手工化、作坊式的运作模式无以为继，企业的老板们纷纷寻求生产线的自动化。若借此大趋势，内控部门或人员提出管理信息系统的建立与完善、推进企业运营的自动化等项目，则获得领导的支持和职能部门的配合会是大概率事件。

势之二，行业 / 企业日趋成熟之势

在行业处于起步期，或者企业还处于初创阶段时，让企业活下去并壮大是主旋律，企业难以有进行内部控制的需要和自觉。当企业所处的行业逐步走向成熟，或者当企业由初创期走向快速发展期和成熟期的时候，就是需要进行内部控制的时候，此时制定规矩成为主旋律，平稳发展是基调，企业内控的导入成为必然之事。当行业或企业走进衰退期，内控依然是重点，但方向发生变化，即要求保证获利性的同时寻求变革或转移，使企业焕发新的生机。

势之三，企业文化之势

整个企业走向成熟和规范化的过程，就是整个企业文化建设的过程。企业越成熟，越是强调内控，也是内控需要把握的内部大趋势。这与行业、企业的本性特征无关，更多的是由组织本身运行的规律决定的。也就是说，无论外部竞争激烈与否，无论内部控制强弱如何，要使企业这个组织“长治久安”，必然是要调动全部内控机能的。若你身处一家百年老店，那么恭喜你，这是一个有深厚内控土壤的组织。

势之四，内部整合与管理之势

我们以业务部门与后台支持部门的冲突为例，当公司由后台支持部门的人说了算的时候，或者其他导致后台支持部门更为强势的时候，哪怕明知后台支持部门化身监管部门，在人为给业务部门带来阻碍，哪怕内控部门想让后台支持部门多考虑业务部门的实际需求而推进相应的改善措施，也要多费思量与周折，往往还不太可能成功。反之亦然。如果企业运营的结果显示情势已经发生变更，目前的运营方式不能维系；或者如果出现一股新的力量，如新上任一个业务部门出身的老板，改变了决策管理机构的力量对比；或者发生了某个突发事件，导致出现了变化，等等，可以抓住这样的小趋势推进形成大趋势。

势之五，局部需求之势

在企业某个尚不成熟的部门走向成熟的过程中，或者某项新兴的业务走向规范化的过程中，会产生局部的内控需求，这也是内控可以借助的势之一。这是一个“扎篱笆”的过程，也是一个培育其内部管理与控制能力的好时机。

人在职场，身不由己。在企业运营中，随处可见利益的刀光剑影，随处可见秩序与无序的纠葛，犹如七彩霓虹折射出人性的光怪陆离。内控部门或人员若欲在其间安然如故、游刃有余，唯有因势而谋，因时而动，顺势而为，整合与协调各方利益，治组织于未病，推动与践行组织变革。

第四节　轻鉴证、重咨询

鉴证与咨询的轻重比例也是外审与内审的重要分野。也许你的身边就有外审转内审、内控的同事或朋友，也许你自己本身就是由外审转内审、内控的人，有成功的，也有不那么成功的，甚至还有兜兜转转又回去做外审的。原本以为，外审做得好的，做起内审、内控应该更容易才是，结果发现并非如此简单。

从操作难度上来说，外审比内审、内控相对简单，因为标准明确，就像老师批改试卷一样，对照标准做判定对错即可，难在标准的解读和尺度的把握上。但内审、内控则与学生解答试题一样，有的有所谓“标准答案”，但更多的是在追寻更佳答案上。内控又比内审更上一层，不仅要寻找更佳答案，还要辅导别人找到更多更佳答案。而这递进的过程也是鉴证所占比例下降而咨询所占比例上升的过程。

近些年来，翻看各类内控、内审、管理咨询类的统计数据、期刊、研究文献，我们也会发现国内外的调查研究结果均建议轻鉴证而重咨询。也就是说，除了告诉别人“你做得怎么样”之外，更要告诉别人“你要如何做才能做得更好”。而这也是本节内容所要阐述的主要观点。

思想认知层面

甫瀚咨询在2014年提出了未来审计师的愿景，在两年之后再次对此进行了增补，提出了十五个贡献与证明自我价值的方式，并且指出未来审计师的主要关注点仍然是董事会和高管层眼中的价值贡献问题。

CBOK调查的近四分之三的受访者（73%）都建议内部审计应就业务流程的改进提供咨询和意见。审计师们需要跳出审计计划范围及个别审计项目来进行思考，要懂得融会贯通，从整个企业的角度来考虑审计发现的影响。如此一来，有关审计的沟通就会面向更广阔的业务背景，而非局限于审计计划所明示或暗示的界限范围。简单地说，内部审计师不能再像后台支持部门一样自恃专业知识局限在内部审计项目中捣鼓了。

内审、内控、风控有进一步融合并不断向公司治理靠近的趋势。未来内控发展会更多地倾向提供管理咨询服务。例如，优化整个企业的信息，为制定决策奠定基础；通过数据分析发现并利用趋势提示可能正在逼近或已发生的风险事件；就关键控制及选定流程的自动化提供推荐建议以实现有效监控；通过与董事会或高级管理层保持经常性互动和更多地站在战略高度思考问题，以一种更开阔的视角来审视目前的内控系统，跳出微观和中观的执行层面，为关键利益相关方提供契合其需求的、切实可行和更长远的意见和建议。

执行操作层面

在操作层面，应轻鉴证、轻合规、重咨询，具体可以怎么做呢？

抑制说是与非的冲动

做内控的我们都太容易在动脑筋之前先动了嘴巴。在你能有所行动或评判之前，你必须倾听别人，尊重他们的身份和信念。不能以你最终未必会接受或赞同某人的主观感受为借口，拒绝承认这种感受的存在。老天给我们两只耳朵一个嘴巴，本来就是让我们多听少说的。善于倾听，才是成熟的人应该具备的最基本的素质。最有价值的人不一定是最能说的人，唯有少言才能多思。如果你珍惜自己的思想，那么在表达的时候一定要慎用语言，以求准确有力，用最少的话表达最多的内容。

多听当然不是什么都听，还须善听。对于思想者来说，听只是思的一种方式。我们应努力理解对方的言辞及其含义。仅仅懂得事实还不够，既要用耳朵去听还要用心去听，这样才能明白别人言词的真正含义。提问题不要犹豫，要确保自己理解他人正在说的话。不要因外部干扰而漏掉了什么信息，当确实有其他事情让自己分心的时候，不要怕提问题。有时候，重要的不是你说了什么，而是你问了什么。用反问的形式陈述一个句子所产生的影响可能要远大于直接下结论。

“和我谈谈！”“你有什么想法？”让对方成为沟通的中心，而不是沟通的对象。切勿忘记自己在与谁对话，以及谁在倾听。记住，你的话会不断改变含义，听者的经历和偏见都会严重影响他们对你的话做何理解——想当然地忽略这些经历和偏见，会将自己置于危险的境地。人们会忘记你所说的话，却会记得你令他们产生的感受。

勤于做咨询师，而不是做简单的差评师，虽然后者比前者容易得多。听了，听进去了，有输入，然后能思，把输入转化为改善方案进行输出。继而为对方提供辅导，扶上马再送一程。如此，才能为企业这个组织真正提供价值。

寻找查漏补缺的路径与方法

在内控实践中产生这样或那样的疏漏在所难免。首先，出于经营效率考虑，本着成本效益原则，从职能部门的工作重点出发，不能面面俱到是必然。其次，情况总是变化的，矛盾是相互转化的。原本受控的主要矛盾、主要风险会悄然转为次要矛盾。内控人员要有查漏补缺的思想准备与思维习惯，更要能见微知著，发现查漏补缺的路径与方法。

找到缺漏之处，并不是重点，更不是终点，而是起点，对内控部门或人员来说，接下来要做的是提供改善的建议和方案。

挖掘自我提升的动力与路径

在培养孩子的过程中，有些家长看不得孩子犯一点儿错，容不得孩子走一点儿弯路，于是事无巨细，不是一手包办，就是如直升机一般盘旋在孩子头顶时刻监督。这样做有时也确实卓有成效，有些孩子一路顺遂，走得比同龄人快，结婚生子，事业有成。只是这些孩子并不是独立的个体，只是家长的附庸。而一旦发生意外，孩子便可能如疯长的野草般失去控制。在培养孩子时，家长要逐步培养孩子的自我控制能力，激发孩子向上成长的内生动力，从而使孩子即使离开家长也能自立，成为一个独立的、健康的、完整的人。

如果把内控部门比作家长，组织的其他职能部门比作孩子，那么内控部门需要做的不仅仅是对其他职能部门评头论足、监督甚至包办，还应在必要的时候予以限制，更多地应该给予指导，激发职能部门的内控潜能和动力，从而培养企业组织的内生性内控。就算离开内控部门的扶助，职能部门也能各司其职，企业组织也能正常运作。

建立和提升非职权影响力

一个人在公司中的话语权和影响力，其实并不是全部由职位决定的。有的人位高权重，但也许真没几个人认可他；有的人可能职位不高，但同事们有事都愿意找他说说，讨要主意。导致差异的原因就在于非职权影响力。

在我女儿的班级里最有权威的、最让同学们仰慕的或服气的，往往并不是班长或班干部，而是在某方面很优秀的人。例如，对天文知识懂得最多的人、作文写得最好的人、遇事最淡定的人……

在成年人的职场中也是如此。在跨部门的项目合作中需要调配相关资源或平衡各方利益时，抑或在工作中出现困惑希望找个人聊聊、找找思路的时候，你首先想到的很可能不是你的直属领导，而是一些值得大家依赖的同事。这些“无冕之王”无疑就拥有与职位无关的影响力，我们也称之为“非职权影响力”。而这靠的是个人的独特的人格魅力，但重要的是解决问题的能力。

很多大公司、初创型公司或快速成长的公司会很关注员工的非职权影响力。《极简关系》的作者前亚马逊（中国）副总裁张思宏认为要塑造非职权影响力，需要从三个方面入手：第一，消除本位主义的狭隘思维方式，从更高的层面、更广的视野看待个人影响力；第二，勇于对自己的行为负责；第三，扩大自己的影响圈。

所谓消除本位主义，就是不要只盯着自己的一亩三分地，毕竟非职权影响力与职位无关，与组织架构无关，而是取决于知识、能力和意愿。知识即知道要做什么以及为什么要做这件事，具备某个领域的专业知识。能力即当目标设定了之后有能力把它做对做好，做事效率高，执行力强。意愿即渴望去做、愿意主动积极地去做。

老子说："人无信不立，业无信不兴，国无信则衰。"在企业实践和内控实践中，该谁的责任就应谁来承担，不逃避，不推诿。勇于对自己的行为负责，是打造非职权影响力的基石。

最后，扩散非职权影响力范围。如何评价一个人的非职权影响力？看同事们遇到事情的时候首先想到这个人的概率以及这个人的言行对同事们的影响程度。想到这个人的概率越高，他的影响力越大；他的话越多的人听，他的行为越多的人模仿，他的影响力就越大。内控部门或人员可以从三个方面入手打造非职权影响力：打造互信关系、培养双赢思维、建立共同目标。

除此之外，内控人员还要努力成为别人可"利用"的人。采购人员为什么要询问我采购问题？因为这样才能确保合规，不会被审计人员挑战。其他部门的人为什么愿意为内控部门或优先为内控部门做一些事情？因为他们知道内控部门的需求通常代表高级管理层的需求，有的甚至会成为高级管理层有意无意间考察部门能力和个人能力的窗口；因为他们知道有些事情在内控部门的协调之下会比较容易达成。要想别人承认你的价值，你就必须能为别人创造价值，成为一个"有用的人"，这才是别人愿意和你建立关系的根本原因。

要点提示

1. 内控落地点的影响因素：可触达性、可操作性、可控制性。
2. 落地点的常见选项：高级管理层最关心的事情、组织中最棘手的事情、内控需要做的事情。
3. 选择落地点的注意事项：找准切入点；大的单点，小的成串；做好预案。
4. 时机到了，及时抓住，则水到渠成；时机未到，贸然行动，则会折戟沉沙、功败垂成。
5. 事缓则圆。
6. 等待时机、识别时机、把握时机、创造时机，让内控项目的出现变成顺理成章之事。
7. 合纵连横、纵容放浪都只是手段，而不是目的。目的在于创造推进内控项目的合适时机。
8. 在企业组织里，事情不在于做得多，而在于做得对，做在点子上，做真正有利于企业发展的事。
9. 在成熟的企业组织里，看战略；而在不成熟的企业组织里，就得琢磨董事和高级管理层等领头人以及能影响这些领头人的人了。
10. 势有多种：外部大趋势、行业 / 企业日趋成熟之势、企业文化之势、内部整合与管理之势、局部需求之势。
11. 轻鉴证、重咨询是众多调研报告所揭示的趋势，操作路径有：抑制说是与非的冲动、寻找查漏补缺的路径与方法、挖掘自我提升的动力与路径、建立和提升非职权影响力。

心/得/与/思/考

第七章

扩展内控执行的人际圈层

写在开头的故事

故事一：某位内控同行在一家五百强企业里百无聊赖地点检五年检查表之后，毅然决然地跳槽到了一家民营企业做内控。新东家希望他能把外企的成功经验带过来，他也指望能一展拳脚干出一番事业来。但是，很不幸，他很快便被现实泼了盆冷水。入职半年多，他的工作以窝在办公室看文件为主，连办公室都很少走出去，日常交流以与财务部门的交流最多，因为内控和财务隶属同一位老板。他与其他部门的交流很少，同事也都不大认识，所以对企业的业务了解很少，至于哪里有风险、哪里有“猫腻”，更加无从知晓了。不仅老板对他很失望，就连他自己也觉得过不了自己那一关，觉得失败无比。

故事二：另一位内控同行在一家公司做内控五年，按他的话说公司的内控工作是他一个人撑起来的。与故事一里的主人公不一样，他混得风生水起，老板对他信赖有加，和同事们都很熟，但奇怪的是公司的内控似乎和五年前没什么变化。说起公司的各种“恩怨情仇”他头头是道、绘声绘色，但一说到公司的重要控制环节时，就语焉不详了，要想让他拿出个像样的建议方案来，那是万万不可能的。最终，在新一任老板希望内控部门能承担更多责任的时候，他只能溜之大吉。

由故事引出的

记得有一位内控同行说过，做内控的人一定要有“八卦之魂”。毋庸讳言，“小道信息”的传播速度在很多情况下是快于正式消息的。在企业中，“小道信息”往往是正式信息传播渠道的补充，甚至是一种常态。内控部门或人员一定要用好真实的“小道消息”，让内控工作有的放矢、保持前瞻性，不做无用功。但故事二要说的是内控人员应将消息、关系用在完成企业目标、用在工作上，哪怕有个人目的也请通过实现企业目标来实现个人利益，别尽想着自己，否则很难持续。

对内控人员来说，扩大人际圈层的链接是必需的技能。人是混“圈子”的，很多事情入了“圈”就变简单了，很多问题入了“圈”便迎刃而解了。扩大人际圈层可以从具体项目的利益相关方入手，可以从补充完善信息沟通系统开始，寻找并培育内控执行的关键据点。若扩大人际圈层是一座冰山，那么把事情做好是冰山上面的部分，把人做好才是冰山下面的部分！本章分四节对这些内容进行阐释。

第一节　联结利益相关方

“利益相关方”一词来源于项目管理。项目管理在经历过四个历史阶段的发展之后，对于如何评定项目，演化到今天已变成了“让利益相关方都满意”，而不再是“三大约束目标（质量、时间和成本）都实现”。项目管理协会推出的《项目管理知识体系指南》也从原来涉及的九大领域演化成了十大领域，增加的就是“利益相关方管理”。国际项目管理协会推出的“PEB”评估模型，更是把关心利益相关方放在了第一位。利益相关方管理极为重要。

什么是利益相关方？简单地说，就是在项目的执行过程中，对项目成功有着或大或小、或强或弱影响的，有关联的组织、机构及个体。利益相关方越多，和项目团队的关系越复杂，针对利益相关方的管理难度就越大。

利益相关方怎么管？利益相关方的管理有以下三步，如图 7-1 所示。

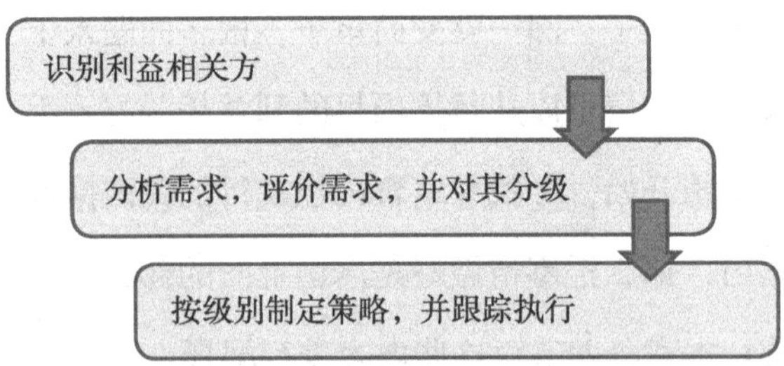

图 7-1　利益相关方的管理步骤

第一步，不间断地识别利益相关方。

第二步，研究需求，评价其重要性，对其进行分级。

第三步，针对不同级别的利益相关方，制定不同的策略，并保证在项目实施的全过程持续跟踪策略的执行。

利益相关的管理步骤很简单，这里要强调的是，这个管理行为一定是动态的，是贯穿项目始终的，而不是一项简单的一次性文本工作。

实际上，我们即使完全不知道利益相关方这一名词也没关系。在实际工作中，在开展任何项目之前，我们都会凭借强大的直觉和经验开始对利益相关方的管理。我们很容易就会判断出谁对我们非常重要，并凭着经验就能制定出一系列措施维系好和他们（即“利益相关方”）的关系。

识别利益相关方

识别利益相关方，通常可以从以下方面考虑。

从利益角度看，受益的或受损的各方都是利益相关方

内控项目的执行，一定会有受益方，但不一定会有利益受损方。我们追求内控项目的非零和性，即追求增值，一方获得利益不是建立在另一方或多方的损失基础上的。但因内控项目的变动而导致利益调整的各方必然都是内控项目的利益相关方，会对内控项目的成功实施有着或大或小的影响。

从信息流转角度看，内控项目输入输出信息的对象均是利益相关方

信息的输入与输出对内控项目来说是很重要的变量。一方面，信息

的来源基本上决定了项目的成功与否。俗话说，“巧妇难为无米之炊。”内控项目信息的来源方必然是项目的利益相关方。另一方面，项目的信息输出对象选择与传递方式也是决定项目成功与否的重要因素之一。归纳起来就是需要为项目提供消息来源或根据项目输出消息行动的组织、部门或个人，为利益相关方。

从组织架构关系看，与内控项目相关的系列岗位均是利益相关方

从组织架构上看，直接或间接参与项目的个人的上级及其与项目相关的下级或其他相关人等都是利益相关方。举例来说，我们在撰写项目相关邮件时，需要考虑收件人和抄送人是谁，通常会将执行人员列为收件人，同时抄送给他的上级主管人员，至于是向上一级、两级还是三级，视具体情况而定；另外，与之相对应的，我们也会将其抄送给自己相应级别的主管人员。

总结来说，**所谓利益相关方，就是与内控项目有接触点的个人或单位及其相关的一部分网络，如上下级、有利益关系的人，等等。**

与利益相关方建立联结

寻找各方的共同利益

在职场中，人们需要友爱、奉献、互相帮助，但职场如战场，大家都有自己的目标，为什么要积极主动、耗时耗力地配合和支持你的工作呢？所以，我们需要在日常工作中关注各方的工作重点，解决各方的工作痛点，制造各方的工作亮点。若你想要的正好也是对方的工作重点之

一或对其工作重点有所助益，对方自然会配合和支持你的工作。找到重点和痛点之后，还得找准痒点，即理性背后的感性，让对方加入项目，行动起来。

职场中的关系很重要，但支撑关系的说到底还是利益。天下熙熙，皆为利来；天下攘攘，皆为利往。内控部门或人员应放弃零和项目，只做共赢项目。

不要为了关系去发展关系，而是要在共同的利益或价值上建立关系。要让别人愿意为你做事，你就得能为别人创造价值或带来利益。有时候，内控措施的推行，不可避免地会使某些部门或某些人的利益受损。内控部门的项目通常涉及跨部门的人员，所以必须在众多利益相关方之间做好平衡，获得他人的信任，否则很难让大家协作起来。

内控部门或人员要善于寻找利益共同体，分享利益。有些人可以为我所用，是因为他们与我们有共同的利益，或共同的见解和方案。因为有共同的利益，所以很容易心往一处想，劲往一处使。

找到共同的合作目标

多说“我们”，少说“我”，这是所有合作的出发点。多想一想其他方的诉求，再想一想自己方面的诉求，找出共同的诉求，订立大家共同的合作目标。《道德经》里说，“以其不争，故天下莫能与之争。”越想争个上游，越盯着私利，越得不偿失，越远离目标。我们需要综合各方的利益诉求，找到能凝聚各方力量的共同目标。真正有效的合作不可能靠“忽悠”来达成。

从SMART原则角度来说，内控项目的目标要是能真正落地执行的，能聚焦于某个具体可衡量、可实现的结果上。

我曾经看过某个公司的高级管理层例行会议的会议纪要，全篇都是“正确的”但“无用的”语句，通篇看下来，不知道接下来谁要做什么，在什么时间将任务完成到什么程度。毋庸置疑，这样的会议于公司内控无益。

在执行内控项目的过程中，内控人员切记要形成行动方案，务必包括项目内容、责任人、时间期限、里程碑等字段，明确各利益相关方的角色、任务及关系，切实推动内控项目落地，达成项目目标。让大家都能获益的项目成果会让项目变得看得到。

适时让利益可视化

人是理性动物，更是视觉动物。根据美国哈佛商学院有关研究人员的分析资料表明，人的大脑每天通过五种感官接受外部信息的比例分别为：味觉 1%，触觉 1.5%，嗅觉 3.5%，听觉 11%，以及视觉 83%。视觉呈现对人的冲击是最有力度的。提供恰当的语境是沟通的第一大法则，但视觉影响可能会抵消这一法则。辅助和强化语言的视觉语境能够大大增强你的信息所产生的效果。所以，如果可以，内控人员应该用表格、图片等工具将各方所获得的项目利益可视化。

另外，人都是健忘的，但对事物末尾部分的记忆效果却总是优于中间部分，即产生“近因效应”。前后信息间隔时间越长，近因效应越明显。原因就在于前面的信息在记忆中逐渐模糊，从而使近期信息在短期记忆中更为突出。举例来说，在绩效考核中，被考核者可能一向表现平庸，但在临近考核时做了一件让考核者非常满意的事情，就会导致考核者在评分时依据这一事件掩盖其长期的碌碌无为，从而使评分偏高。相反，被考核者最近的一次较差表现也可能使其一直以来的优秀表现打了折扣甚至付之东流，导致评分比应得的低。若要降低近因效应的影响，对时间跨度比较大的内控项目来说，建议适时向利益相关方做一些回顾与对比，用数字、表格、图片等把项目成果展示出来，提示并唤醒利益相关方的记忆地图。

除此之外，内控部门或人员还**可以对利益相关方的利益做分割，分期兑现，提升利益相关方的满意度。**

一般来说，内控项目都是老板站台的项目，但凡有好处，大家都不会甩袖子不干。**内控部门或人员若想顺利推进内控项目，需要把相关各方都拉进来，共同分享项目的收益，共同为项目贡献力量。**

那么，会不会存在这样一种情况：即便内控人员想尽办法，也找不到与利益相关方的付出相匹配的利益，也无法获得对方的配合和支持呢？这种情况是存在的。那是不是就无路可走了呢？也不是。我们可以祭出同理心。如果对方不配合，想想对方是否有难处，我们有办法解决对方的困难吗？如果有，那互相帮助便水到渠成了。

第二节 完善内部信息沟通系统

在跳出具体内控项目执行中对利益相关方的关注，跳出具体而微的项目后，内控部门或人员最终需要进入信息沟通与传递的层面。我们会注意到，在工作和生活中，总有一些人“小道消息”极其得灵通，也有一些人总是在最后一刻才得知消息。在我职业生涯的早些年做总经理助理的时候，在开会或不经意间，总会听到一些“八字还没一撇”的事，有时候总经理甚至会特意交代不要外传。但我发现，越是不要外传的重大的事，越是会被散播出去，并且又快又全，无一例外。

举这个例子，我是想说明：对内控人员甚至职场中的人来说，多和消息灵通的人士聊聊天、打造自己的“交通站”很有必要。有一位内控同行说：“**做内控的人一定要有‘八卦之魂’。**”深以为然。

非正式沟通的作用与内容

小道消息真假难辨，当然作不得准，不乏有人借小道消息传播一些误导性的言论或宣泄一些不满情绪，甚至有人别有用心地挑起事端的情形。但小道消息也并非一无是处，起码**可以拉近人们之间的距离**。就像我们见面常用的招呼语：“你吃了吗？”“今天天气不错啊。”另外，有时小道消息甚至可以成为正式消息的有益补充。正式消息重在描述结果，最多也就是反映整个事件的某个侧面，而非正式的小道消息倒可以补足其他侧面，让我们一窥其全貌和前世今生。于内控人员而言，小道消息只要运用得当，整体上是利大于弊的。

非正式沟通可以获得正式沟通所不能显示的消息。在企业实践中，很多时候确实会有一些变通的方法或打擦边球的做法。这些做法绝不可能在正式渠道中披露，但却是大家心照不宣的。这一点在监管要求高但实际上却往往无法一一照办的情形下尤为突显。这就是所谓的“上有政策，下有对策”。

从“漫天飞”的小道消息中，内控部门或人员还可以探知各方的立场，觉察各人的人品，也可以看出相关各方的利益博弈和前进路径。我们都会在有意无意间对消息进行人为的筛选与过滤，要么挑选对自己有利的，要么选择自己感兴趣的，不太可能完全做到客观公正。因此，我们可以从每个人散布的消息中知道相关人员的利益点、兴趣点以及对待某些事或某件事的态度、看法或立场，有助于以后的沟通对接。

非正式消息包含如下方面。

首先，我们可以按时间将非正式消息分为未来、现在和过去的消息。所有人都会关注未来的信息，因为我们都有想要提前看到未来的冲动与渴望。在企业组织中，所有人都会对组织架构变动、人事变动，尤其是与切身利益关系密切的人事变动、重大战略安排和经营计划变更等特别有兴趣。虽然管理学教科书都说战略是长期的，不因某个人的变动而变化，但那仅仅是理论假设或努力的目标，在企业管理实务中往往是关键人物决定成败。掌舵者变更，其战术打法也会变更，团队也会相应变更。我们都需要及时更新资讯，用以判断接下来企业经营变动的趋势、关键资源的链接、未来工作重点可能的变化，以做预先筹划与安排。

其次，把目光拉近，我们还关注当下面临的任务或需要解决的问题。举例来说，老板交代一个任务，可能是很简单的一句话，看上去也很明确，但当我们做完交差的时候却发现并不是老板想要的；或者干脆在着手去做的时候就发现并不是我们想象的那样，其实背后有故事或老板另有想法。有些时候我们可以直接去问老板，但更多时候是要找个相关的或不相关的人了解一下背景资料，结合具体的人或事，搞清楚老板到底想要什么，提交什么样的结果给老板才是最合适的。

最后，就是过去了。有时候听一听公司的“老人”讲一讲过去的事情，公司的闪耀时刻、某些人的星光时刻都会让你对公司的现状有更多的认知。对未来可能的策略选择有更多的思考，对目前的人际关系有更立体的感观，对特定的人有更多方面的了解，会帮助你在以后的内控工作中少走一些弯路。

有效获取有用的非正式消息

通过之前的论述，我们已经了解了非正式消息的有利之处，但我们一定要明白，并不是所有的非正式消息都是有效的，可以为我所用的。那么，该如何有效、高效地获取有用的非正式消息呢？

建立信息筛选机制

机会总是留给有准备的人。正式信息如此，非正式消息也是如此。与内控工作相关的信息，我总是能多少知道一些，但同事们的家长里短等与工作无关的消息，我却甚少知道，除非其会影响到工作或者影响到我对一个人的判断。所以，在内控实践中，内控人员应确定并表现出自己对某些消息的特别关注，或恰当运用自己所获得的消息，逐步建立信息筛选机制。

找到分类信息集散点

我们性格各异，有些人厌恶小道消息，有些人甚至离开小道消息便不能活；我们兴趣爱好不同，有些人只关注和工作相关的事情，有些人就关注家长里短、是是非非；有些人关注宏观政策和公司战略，有些人则注重做好手头工作。所以，内控人员应分类挖掘并获得自己需要的各类消息来源，确定各类信息集散点，进而有效地收集信息。

把握午餐/下午茶时间

对于工作紧张的现代人而言，午餐时间就是一个放松时刻，也是一个信息交流时间。现在大部分的上班族，午饭都是在公司解决的，有的是自己从家里带便当，有的人是集体叫外卖或者出去吃，也有很多公司有食堂。很多时候，员工喜欢组团吃饭，一边说说笑笑，一边解决用餐问题。午餐时间虽然短暂，但如果充分利用，往往能让内控人员收获颇丰。

虽然一个人安静地品味午餐，顺便思考一些问题或让运转一上午的头脑稍事休息也是一个不错的选择，但是也别错过十几分钟的信息交换时间。内控人员应确定一个原则，尽可能多地和不同部门不同的人（包括领导）一起用餐。

各个公司的工作规定不同，除了午餐时间之外，还有中午散步时间、工间休息时间、下午茶时间等都是可以利用的时间段。我们还可以关注一些特定的地点，比茶水间、打印复印室、吸烟区等。

优先选择面对面沟通

在很多公司里，人多，分工细，有业务交集的人通常是少数，有业务交集的人也通常不见面，只通过邮件或电话来往。

面对面沟通是迅速拉近两个人之间的距离的方法。除了一对一之外，还可以与一群人面对面。面对一群人会比面对一个人有压力得多，却也是一个创造不同体验和共同回忆的好途径。留心观察一下，我们会发现有一些看上去没什么交集的人却很熟稔。问起来，这些人会说“我们曾经……过”，或并肩战斗过，或在某次活动中住过同一个房间，或一起参加过某个组织，或共同获得过某项荣誉等，不一而足。对内控人员来说，如果可以，参加一个非正式的横向组织，和不同的人创造共同的回忆；如果可以，通过一些组织或一些共同的项目活动等为更多的人创造共同回忆。

另外，**面对面沟通更为直接，更容易敏感地抓住对方的细微表情及其变化，适时地交流，总会有不一样的收获，这是非面对面沟通难以比拟的。**除此之外，面对面沟通更容易相互激发创造力，得到更多更好的想法。

非正式沟通的“死亡地带”

我们需要注意和其他人打交道的技巧，坚守一些原则。第一，注意保密。有些事在官方通知发出之前，不宜透露给其他人，尤其是一些保密意识较弱的人。第二，不要妄自揣测他人意。可以就事论事地表达个人观点，但不要揣度别人的意思并且顺带包装成传达别人的意思。第三，不说假话。可以真话不全说，但绝对不能说假话。

第三节　寻找并培育内控执行的关键据点

说到底，内控是一件需要落地生根的事儿，光说不练可不行。内控部门的工作与其他部门不一样，绝大多数的工作都需要别人配合，而不是自己想做就可以做完的，也就是说工作的可控性很低。那么，内控执行便成了重中之重。**按项目执行是一方面，在项目之外建立执行网络是另一方面。**

执行障碍的原因分析及应对策略

培训师在授课中有个小技巧，即寻找天使学员。意思是，总会有一些对你的课程或对你报以兴趣和善意并愿意积极回应你的学员，当然也会有一些学员的兴趣点很高，难以取悦或对你无感甚至讨厌你。那么，在授课中如果你盯着后一种学员，大概会很郁闷，影响发挥。相反，你更应该寻找并关注前一种学员，即天使学员。这样，你才不致陷入自我质疑和不良情绪中难以自拔，进而影响授课。

对于内控工作者而言也是如此。企业里各个部门各个人对内控的看法与做法不尽相同，有的认同内控理念而身体力行，有的想借助内控的力量搞定自己的那一摊，有的满足于面上过得去，有的我行我素阳奉阴违。那么我们怎么才能找到内控的“天使学员”，或把有限的资源整合到内控的建立上来呢？

对于具体内控项目的执行来说，执行据点的选择与推动更为直观，更容易把握。内控部门或人员可以采取如下步骤。**首先通过项目任务的分工，确定项目的利益相关方，结合利益共享、理念共享，找到项目的“天使学员”，即项目的支持方。接下来，内控部门或人员需要聚焦项目支持度欠佳的利益相关方，分析其不支持的原因**：是存在根本利益的冲突？是工作优先次序的安排不同？是有意愿但能力不足？是理解上出现偏差？还是认为毫无意义所以不想参与？**内控部门或人员应针对不同的原因制定不同的应对策略**，如表 7-1 所示。最后，内控部门或人员应拟订项目推进计划并跟踪执行情况，适时调整，定期召开项目推进协调会议，展示项目推进成果，评价并感谢各利益相关方的支持与配合，打造项目参与各方的特有体验。

表 7-1　项目利益相关方执行障碍的原因分析及应对策略

序号	原因分析	应对策略
1	存在根本利益冲突	判断谁才是代表组织利益的那一方，由共同管理者决定听谁的
2	工作优先次序的安排不同	调整项目进度计划或调整资源分配方案
3	有意愿但能力不足	提供培训或辅导乃至提供额外资源支持
4	理解上有偏差	澄清、沟通，以修正理解上的偏差
5	认为毫无意义，所以不想参与	沟通项目推进的意义以及需要介入的程度

每一个内控项目的推进过程都是培育内控执行据点的过程。内控部门的职责定位、做事风格，以及内控人员的口碑，就是这么一点一滴地展现出来、固化下来的，与各接触点（各个部门、各位员工）的合作模式也是这样逐渐形成的。

内控项目是我们培育内控执行据点的重要一环，但却不是唯一一环。本书第二部分内容提到数据不仅要用还要养，关系也要靠养，内控执行据点也要靠培育。所谓“养兵千日，用兵一时”，内控部门或人员要想在内控项目的执行中可靠地借用各方力量，平时的关系维护和用心培育是必不可少的。这里的关系维护并不是指侵害公司利益的假公济“私（部门）”的行为，而是指内控理念的扩散、内控工作思维与方式方法的说明、相应内控和业务咨询服务的提供等。

内控执行据点的选择与培育方法和重点

找对人

内控部门或人员应梳理公司的中长期战略以及由此分解而来的内控

中长期战略，对照内控战略能力清单，圈定影响未来内控战略的关键岗位及其关键人物。也许很幸运，这些岗位和人员都是向内控倾斜的；也许很不幸，有一些至关重要的人物并不是内控的“天使学员”，甚至可能是“魔鬼学员”，并且短期内也找不到改变的办法。怎么办？

内控部门或人员可以通过前面两节所提到的方法寻找自己的“内控天使”，奠定内控后援团的根本基础。即**通过利益分析找到有共同利益或交叉利益点的利益相关方，再通过散布广泛的信息网络抓取消息，在二条线索的交叉点上，找到“内控天使”**。确定一个或几个对接的窗口，**同时打造“窗口”效应，将这些连接作为示范，既作为内控对外连接的示范，也作为内控价值集中体现的示范。**

内控部门或人员可以以上述措施为基础，边整合、边吸引、边推动中间派，奠定并拓展内控执行基础。例如，内控部门或人员可以分析利弊，提示风险，现在不做看上去关系不大，但未来却并不可持续，不如早作打算；还可以明确责任，如通过合适层级的管理层将相应的内控责任归于合适的责任部门，使之与内控部门成为“一条绳上的蚂蚱”，实现责任捆绑。

找对人的目的在于把这些部门、这些岗位和这些人员培养成内控执行工作的据点，成为内控工作的支撑点，以便在推进项目任务时有抓手可以凭据，有人手可以调配，有力量和资源可以使用。

找准合作点

只有内控部门好，可不是真的好；只有把内控这事儿做好，实现你好我好大家好，才是真的好。内控部门作为企业的支持部门，需要挖掘自身对业务部门的价值，从自身的价值出发，寻找双方合作的接触点。

举例来说，做好日常的合规工作，降低合规风险。一般来说，制药企业对销售费用合规管理的要求比较高，会有合规部门对此进行检查和审计。某企业的合规部门在一次合规检查中发现，一位销售代表有几百元的打车费用不合理，便在报告中进行了体现。结果，销售团队负责人在该销售代表劳动合同到期后便没再与其续签。该团队负责人就是怕合规部门因为这个代表而盯上整个团队，在以后销售费用的支出上给予太多麻烦，认为还是解除合同对团队来说比较有利。我们都知道合规部门这类内部审计部门提供的是鉴证服务，只是提供的某些建议方案会对运营的效率大有影响，所以业务部门都认为不引起其特别关注才是上策。内控部门或人员可以在控制运营风险的大前提下适当把控合规的度。

内控本就是一个全员全过程的活动，是一个为组织目标的实现提供合理保证的活动，可以触达所有的构面。内控人员只要勤于思考，就不难找到与其他部门的合作点，助益双方的工作开展，体现各方对对方以及组织目标实现的价值。

找好方法

虽然内控多以项目的形式出现和推动，但其成果却不应该是一次性的，做完就完，而应该是被固化的。找好方法，让内控项目的结果可移植、可复制是获得内控支持的重要支撑。达成目标，成果得以成功运用与复制，相较沟通、关系维系等，是获得拥趸的捷径。

对内控部门或人员来说，要想使现有的内控成果可移植、可复制，最直接有效的方式就是把内控控制点变为操作流程的节点或业务质量的控制点，或者由程序员将其变成代码写入管理信息系统，这样在类似业务之间便可便捷地进行重复操作了。并且，内控部门或人员可以容易地说服对方，“您看，之前我们在某某业务模块中是如此这般做的，目前执行效果是这样的，您可以放心尝试，有问题咱们再调整……”

可复制性是很重要的功能，不仅可以用在内控成果的推广上，还可以用在业务模式的拓展使用上，也可以用于内控思维和内控意识的提升，其可以收到意想不到的效果。

经常会有同行问我一个问题：“对于一个从上到下都不知内控为何物的企业，在内控人员只有我一个人的情况下，我该怎么开展我的工作？我是不是该安静地走开？”这样的情形我曾亲身经历过，那时我的老板甚至认为我是“抓人”的，也就是反贪污、反舞弊的！一般来说，在内控部门成立的前三年会不断有人问内控是做什么的，是质量管理员吗？是会计吗？还是管合同的？有前人划好条条框框自然简单易行，尤其是对内控这一行的新人来说，在一张白纸上画画会对开拓性、创新性有更高的要求，却也是画出最美图画的好机会。通常情况下，在三五年的定义铺垫之下，在成文的内控手册修订之后，在梳理捋顺业务流程逐步建立管理信息系统之后，各职能部门、各关键负责人便能够建立起内控思维，确定内控也是其职责之一，使运营管理日趋规范化、标准化、系统化。

正如何帆博士在《变量》一书中所说的那样：“除了极少数石破天惊的突破性技术外，大部分技术都是一种‘混搭’，也就是说，它们把已经存在的技术用一种别人未曾想到的方式重新搭建起来。”技术重要，应用场景更重要。寻找应用场景有三个步骤：一是选择，二是适应，三是改造。决定未来新技术影响力的不是先进的技术水平，而是其能够发现的应用场景。在想象不到的无人地带，为更多的普通人赋能，进一步创造出新的需求，直至重建一个更生机勃勃的生态系统。内控也是已有管理技术与方法的重新组合，并与所在企业组织的内外部资源做相应的匹配，为企业组织赋能，让企业组织焕发不一样的生机。

敲打“恶魔学员”

在工作中，总有一些人会跟内控部门或人员对着干，并且但凡会对着干的总是有恃无恐的。这些就是内控的“恶魔学员”了。对待这些唱反调的，内控部门或人员没必要也不可能时刻与其针锋相对，大多数时候就选择放任自流吧。在必要的时候，内控部门或人员再与其进行沟通，尽力改变其敌对情绪。只是要记得四个字：量力而行。不出手则已，一出手则应必有所得。

总而言之，内控部门或人员应敲打“恶魔学员”，找到“天使学员”，**找到决定内控中长期战略实现与否的关键力量，培育其内控执行能力，使之成为内控执行的据点，形成示范效应，打造可移植、可复制的内控模式、理念与认知，以构建内控的执行力圈层，使内控真正落地生根。**

第四节　做事重要，做人更重要

本章开篇故事一中的那位同行，就是太不关注人际关系，不会“做人”，导致事也做不好。而故事二中的那位，则刚好相反，是一个把太多精力花在“做人”上的典型，却独独忽视了把事情做好才是第一要务。人来到这个世界上就做两件事：一是做人，二是做事。一个人的人生态度，决定了做人的优劣和做事的成败；一个人的品德，决定了一个人人生的走势和走向。

我们常说一个人的“品行”如何，“品”就是品德，就是做人，“行”就是行为能力，就是做事。“会做人”就是一个人要具有良好的道德修养，并能按道德标准去处理好各种社会关系；“能做事”就是在一定社会关系中充分发挥自己的才智，做好各方面工作并获得社会认可。“品行好”就是道德修养好、“会做人”，业务能力强、“能做事”。

做出怎样的事，显示出你是一个怎样的人；什么样的人做出什么样的事。做事先做人，学会做人是成事之道，人品人格是谋事之基。做人是做事的原则和基础，人品好，做事才会有好的结果。小成者做事，大成者做人。

做人做事要多一分真诚，少一点套路。与其费心去维系关系，还不如踏实把事做好，靠结果说话，靠实力说话，靠价值说话；与其费心去揣度人心，还不如坦诚相见，我不要知道你是个什么样的人，但我要让你看到我是个什么样的人。

在我的三年硕士生涯即将结束的时候，导师找我谈话，具体内容我已经记不太清楚了，但有一句话深深印在我的脑海中，“小王啊，你即将走出校门了，有一点你一定要记住：做事重要，做人更重要！”至今，我还能清晰地记起马志强老师说这句话时严肃又殷切的神情。

是的，做人永远比做事更重要。常言道，做人要美，做事要精，立业先立德，做事先做人。做任何事情，都是从学做人开始的。如果连人都做不好，还谈何事业。为人，宁可自己吃点亏，也不占他人便宜；宁可自己负点累，也不愧对诚信。做人，就做个好人，不求被人夸，只求问心无愧。不骗人，不害人，不黑白颠倒，不搬弄是非，不做伪君子。人活一世，良心是一个人的底线。安分守己不挑事，踏实本分不惹事，有理有节不怕事。

既然做事、做人都重要，并且做人相对更重要，那么我们该如何平衡这二者的关系，让这二者相互呼应、互相促进、互为补充呢？

第一，认真做事，宁和为人。

所谓认真做事，就是做事要静下心，钻进去，肯付出，懂坚持。现代人的生活工作节奏快，容易浮躁，静不下心，也不肯钻研；做事情比较容易满足于表面，面子上过得去就好；多做一点儿，就感觉亏了。只是下没下功夫，从所呈现的结果上看很明显。花一个小时做出来的和花一整天做出来的东西毕竟不同；用心与不用心做出来的东西，也是两样的。专心做事的人，遇到阻碍和困难，会想方设法地解决问题，以达到预定目标。反之，则会畏首畏尾。前者则会在一次次的锻炼中不断沉淀自己，会一次比一次优秀。

做事可以高调，做人却要低调。胜不骄，败不馁。凡事看穿，凡事看开，不跟某件事或某个人较劲。不卑不亢，有自己的原则，淡定、平和，在低调中修炼自己，在宁静中沉淀自己。

第二，树立个人品牌。

品牌是一种名称、术语、标记、符号或图案，或是这些元素的组合，用以识别某个人或某群人的产品或服务，并使之与竞争对手的产品和服务相区别。商品需要有品牌，人也需要有个人品牌。所谓个人品牌就是一个人的行为、品德、个性、特有的能力、形象气质所构成的特有的区别于其他人的形象。个人品牌的构成因素有做人风格、做事风格、个人能力、个人素养等。其最直接的表现形式就是属于自己的标签，可以是姓名、网名、笔名、艺名等。具有品牌的产品会得到大众的青睐，职场中的人一旦拥有了个人品牌，他的价值就会得到充分的提升和释放。

微信订阅号的口号是“再小的个体，也有自己的品牌”。随着移动互联时代的到来，个体异军突起，个体价值会在未来更加突显。**维护好自己的信誉、品牌，让相关的人更加易于识别自己**，便成为每个人重要的事务。因为这将影响个人链接外界的可能性和效度。个人品牌，可以提升自己的影响力，还可以充分提升和释放自身价值。品牌有助于将一个个体与其他个体相区别。

告诉别人，你是什么样的人，或有何措施。然后，成为这样的人，实施你所承诺的措施。最后，提醒人们你确实是你所承诺的样子。简言之：心口如一，说话算数。有时候，不在于你说什么，而在于人们听到了什么；有时候，重要的不是你说了什么，而是你做了什么。

个人品牌的建立是一个长期积累的过程，也是慢慢提升影响力的过程。身为职场中人，一定要对自己有清楚的认识，对工作有更好的把握，做好规划，充分地展现自己的价值，树立自己的个人品牌。

在如今这个竞争激烈的社会，请好好经营自己，认真对待自己，塑造属于自己的品牌。每次给新员工做培训，我总会提到“请在工作中一点一滴树立你自己的个人品牌”这句话。树立个人品牌，打造个人标识，无他，真诚踏实为人处世，用行动诠释个人品牌的意义。人总得在专业领域有过硬技能。如果你是作家、导演或演员，总得有无可争议的作品，当读者认可你的作品时就是你的个人品牌树立之时，也是你成功之时。如果你是内控人员，那么总要有坚定的信念、踏实有效的工作作风、成功的内控实施案例，这样才能树立自己的个人品牌。

第三，建立良好的团队。

俗话说，“物以类聚，人以群分。”职场从来就不是单打独斗的地方，内控从来都是团队合作的事情。正如前面章节所提到的，内控有很多利益相关方，并且由团队合作推动。除了做好自己之外，更需要选择并打造一支良好的内控团队。

有一位创业导师说，对于创业的成功，创意、市场、资金都很重要，但最重要的是团队。有很棒的创意、有广阔的市场、有充足的资金，但缺乏一支优良的运营团队，创业能否成功就很难讲。运营能否成功也要看团队，只要选对了人，成功就是迟早的事，选错了人，失败就是必然的。

对每一家企业来说，岗位的轮换、人员的流动都必然存在。对有的企业来说，轮岗是常态，团队的打散与重整是“家常便饭”。如何快速组建一支能“战斗”的团队就成为内控负责人的主要工作。活是要大家干的，点子是要大家想的，责任也是要大家扛的。优秀的内控团队负责人能激发团队成员的主观能动性，积极行动，成就内控这件事，也会成就自己这个人。做个好人，做个成功的人，做个优秀的内控人，揽起内控这一摊子活儿，离不开一支优秀的内控团队，离不开团队所建立与维护的人际圈层。

要点提示

1. 所谓利益相关方，就是与内控项目有接触点的个人或单位及其相关的一部分网络。
2. 与利益相关方建立联结的路径选择：寻找各方的共同利益、找到共同的合作目标、适时让利益可视化。
3. 内控部门或人员若想顺利推进内控项目，需要把相关各方都拉进来，共同分享项目的收益，共同为项目贡献力量。
4. 做内控的人一定要有“八卦之魂”。

5. 小道消息也并非一无是处，起码可以拉近人们之间的距离。
6. 直接有效的沟通还是正式沟通，非正式沟通只是正式沟通的补充。
7. 有效地获取非正式消息的途径：建立信息筛选机制、找到分类信息集散点、把握午餐 / 下午茶时间、优先选择面对面沟通。
8. 面对面沟通更为直接，更容易敏感地抓住对方的细微表情及其变化，适时地交流，总会有不一样的收获，这是非面对面沟通难以比拟的。
9. 避开非正式沟通的“死亡地带”。
10. 首先通过项目任务的分工，确定项目的利益相关方，结合利益共享、理念共享，找到项目的“天使学员”，即项目的支持方；接下来，聚焦项目支持度欠佳的利益相关方，分析其不支持的原因，针对性地制定不同的应对策略，培育内控的执行据点。
11. 内控执行据点的选择与培育方法与重点：找对人、找准合作点、找好方法、敲打“恶魔学员”。
12. 通过利益分析找到有共同利益或交叉利益点的利益相关方，再通过散布广泛的信息网络抓取消息，在二条线索的交叉点上，找到“内控天使”。
13. 树立个人品牌。

心/得/与/思/考

第八章

把握内控的度

写在开头的故事

我们对公司的信息安全管理都不陌生。互联网上的相关资料很多，随便一搜就能找到一大堆。在企业管理的实践中，权限控制、信息安全管理也是很重要的内部控制领域。企业通常会采用分类分级的方法对其进行管理。例如，有的企业会对研发、财务、人事等部门设定很高的安全级别权限；有的企业会禁止员工在其电脑上自由安装软件；有的企业会对员工的上网情况进行监控，或限制上外网的权限，或限制上外网的网址；有的企业会对文件传输情况进行监控，如禁止使用 USB 等。更有甚者，有的企业会选择使用外购监控软件，对员工电脑上所有的文件传输进行监控，对员工电脑的使用情况进行监控，而且这种监控软件可以在员工不知情的情况下进行安装，也不会在任务管理器的进程里显示，甚至可以间隔一定时间，如 120 秒等，自动对员工的电脑屏幕进行截屏并保存。还有一些工厂为防止员工偷拍偷录，要求员工每天上班时把摄像头贴好封条，下班时挨个检查封条的完好程度；也有一些企业要求开发人员使用指定运营商网络系统的手机号……结果搞得相关部门的员工如芒在背，有的则直接找机会走人。企业的凝聚力、创造力大打折扣。

由故事引出的

信息安全管理具体如何进行，要看行业特性和企业特征。基本的原则是适度控制，即该控制的还是要控制，但要注意控制的度，找到风险管控与运营效率的平衡点。聘雇网管、设定权限、备份数据等都是必需的措施。如果控制措施强化到员工都感觉“惹不起、躲不起”，起了“拍屁股走人”的心思，那就得不偿失了。

信息安全管理如此，内控也如此。没有内控是万万不能的，但内控也不是万能的。所谓“过犹不及”。内控制度本身就有一些不合理性和风险，内控部门或人员对内控措施的实施把握不当会导致企业运转效率受损，甚至有碍企业的正常运营。内控措施可能涉及组织结构调整，进而造成内部职权的重新分配，引起组织结构与人员管理方面的动荡。若我们过度关注内部控制活动本身，而忘了内部控制的目的是合理保证达成企业的组织目标，那就本末倒置了。

内控需要保持刚性，同时也需要保持柔性。企业需要的是刚柔并济的内控，需要的是随企业成长而变化的内控，需要的是能着实保证和充分激发员工个人和企业组织创造力的内控。本章分三节内容阐述内控的刚柔并济、内控的变与不变以及内控的几组平衡。

第一节　刚柔并济

汉朝人许慎在《说文解字》中给“韧”的注解是：固而不柔，脆也；柔而不固，弱也；柔而固，韧也。刚柔并济，方为韧。

内控的刚性

某企业内控部门的负责人遇到了一件让人挠头的事。在进行某项检查时，内控人员发现责任部门和责任人未尽必要注意义务，但并非主观故意，从某种程度来说也是情有可原的。公司总经理决定对具体责任人处以罚款。该负责人翻看制度规定，规定为可以罚款；询问法务人员，得到的回复是以前有法规规定可以扣工资，但这个法规已经失效了。现在劳动合同法层面，没有规定可以扣工资，也没有说不可以扣工资。在劳动仲裁和诉讼实务中，如果企业有经过合理程序的内部规定，根据该规定扣除的，一般会支持扣除员工当月工资 20% 以内的金额，但也只是一般论，被劳动仲裁和法院支持的概率比较大而已。最终，这项处罚决定获得了批准，但是出乎意料的是，责任部门收到处理决定后，却拒不执行。而负责该事务的内控人员竟然跟责任部门说，“这不是我能决定的，有意见可以找老板沟通。”

虽然罚款不是一个很高明的处罚手段，但是，若公司真有这样的规定，并且按规定的程序公布了，如已经通过必要的手续与途径让员工知晓了，那么就应该按制度执行。既然制度确定了合适的执行人，也确认了规定的罚款金额，那么即使再有特殊缘由，也应该按制度规定执行。

否则有制度却不执行，要制度何用。**制定了制度，实现了有“法”可依；一切按制度规定走，解决了有“法”必依；那么执行则要做到执“法”必严、违“法”必究。这就是内控刚性的一面。**

内控执行的刚性

言出必行，执法必严，古已有之。三国枭雄曹操割发代首的故事就是其中的典范，被传为美谈。身处乱世，发迹前后的曹操以治军严格闻名。他多次下达和颁布各种命令，要求严明军纪。曹操发兵宛城时规定：“大小将校，凡过麦田，但有践踏者，并皆斩首。”这样，骑马的士卒都下马，仔细地扶麦而过。老百姓看见了，没有不称颂的，有的望着官军的背影，还跪在地上拜谢。可是，曹操自己的马却因受惊而践踏了麦田。他很严肃地让执法的官员为自己定罪。执法官对照《春秋》上的道理，认为“法不加于尊”。曹操认为：自己制定法令，自己却违反，怎么取信于军？即使是全军统帅，也应受到一定处罚。他拿起剑割发，传示三军：“丞相踏麦，本当斩首号令，今割发以代。”

内控设计的刚性

内控的刚性不仅体现在执行上，还体现在其设计上。我们继续以制度为例。**制度在设计上应包含更多的确定成分，即合规性的要求更多、表现更直接，合理性的要求相对压缩、收敛。**在制度的设计上，相关人员应尽可能列明常见的应用场景，明确这些场景下的处理方法，允许有例外情形，但例外情形的占比要控制，宜控制在 5%~10%。

比较以下两份制度。

制度一：

……

对于未及时回款的应收账款，应于一定时间内（具体时长由各业务分管领导确定）以表格形式在公司系统通告，并在公司月度例会上通报。

……

经以上程序后，确定无法收回的应收账款，业务部门应取得客户关于坏账的说明（加盖客户公章），经审批后确认坏账。

……

对于坏账给公司造成的损失，给予相应金额的处罚，具体金额由总经理决定。

……

制度二：

……

对于已经提供服务未开发票的应收账款，自服务结束之日起三个月内（咨询类业务自客户签收确认单之日起一个月内）未回款，则以附件一表格形式在公司系统通告，并在公司月度例会上通报。

对已经提供服务且已开票的应收账款，自开票之日起三个月内（咨询类业务自客户签收确认单之日起一个月内）未回款，则以附件二表格形式在公司系统通告，并在公司月度例会上通报。

……

经以上程序后，确定无法收回的应收账款，业务部门应取得客户关于坏账的说明（加盖客户公章），由业务经办人员申请，部门负责人复核，子公司总经理审批，最终上报总公司财务总监和总公司总经理审批，方可确认坏账。

……

对于坏账给公司造成的损失，给予业务部门扣除当月对应账款金额的业务收入，并由直接责任人承担该业务对应的直接成本（以财务成本账为准）。直接责任人承担部分可由子公司总经理酌情给予10%以内的减免。

我们从应用场景、问题定义、处理方法和程序、处理结果、裁量权限等方面，对比这两份制度（如表8-1所示），可以发现制度二比制度一更加明确、更加具体、更加具有操作性。制度一的裁量权限太大，以至于几无刚性可言。制度二与制度一相比刚性更大，可执行性更高。制度一则更容易流于形式、限于纸面。

表8-1　制度对比

序号	维度	制度一	制度二
1	列明应用场景	X	V
2	清晰定义问题	X	V
3	订立处理方法	X	V
4	确定处理程序	X	V
5	明确处理结果	X	V
6	保留裁量权限	V	V

对制度规则的要求和对执行细节的追求，是保证团队执行力的基础。回到本节开头的那个案例，该内控部门负责人的妥善做法应该是：**有制度以制度为准，若制度本身不合理，则先执行，再提出修改建议和意见，进行修订与完善。**

内控的柔性

内控需要一定的刚性，也需要有一定的柔性。所谓柔性内控是指以预防为主的健全的监控体系为基础的内部控制模式。柔性内控更加强调员工的自觉性，通过有效的企业文化营造一个诚信的环境、尽量减少欺诈诱导因素以避免内部控制失效。因而它不同于以强调监控和纠正为重点的内部控制，而是将内部控制看作追求员工和企业利益统一的制度设计行为。

最有效的内部控制不一定是设计最为完备的。毕竟，内部控制制度再详尽也不可能涵盖企业的所有活动，更不可能永远涵盖企业的所有活动。真正有效的内部控制应该是一种内生性的控制，尊重并发挥人的主观能动性，依据需求动态地适应组织。

特别是在知识经济时代，员工的工作更多地表现为对知识的利用和创新，是一种抽象的思维过程，没有统一的外在形式。企业也无法对其进行统一管理，只能通过价值观念导向进行调控；在调控员工个人行为的同时，形成组织的有机体系。

如果我们把企业内控的刚性和柔性假设为钟摆的两端（如图 8-1 所示），那么，当企业的创造性非标准化业务越多、企业的组织结构越扁平时，内控越宜远离刚性而接近柔性。如果企业的领头人有足够的人格魅力，能把企业的内部控制上升到企业文化的高度，并且得到员工的广泛认可，那么企业的内控可远离刚性端而接近柔性端。如果企业的非正式组织发达，员工之间有非常顺畅的沟通渠道，控制环境很好，那么企业的内控可远离刚性端而接近柔性端。如果企业与员工个人的利益一致性较高，那么企业的内控可远离刚性端而接近柔性端。

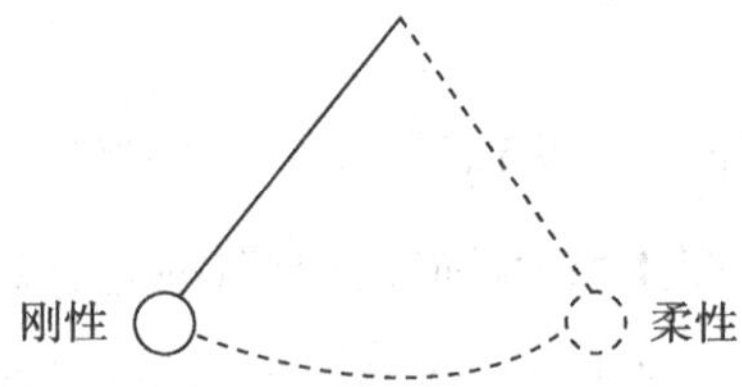

图 8-1　刚性柔性的钟摆型内控示意图

柔性内部控制可以归纳为，利用企业文化营造柔性的控制环境，通过人力资源部门和非正式组织开辟更为有效的资讯沟通渠道，强调广泛参与的动态风险评估，植根于严密的刚性内部控制之上。

内控的刚柔并济

柔性内部控制不宜单独使用，必须建立在完备的刚性内部控制基础上。严密的刚性内部控制起着预警作用，是底线。柔性内部控制是一把“双刃剑”。这种内生性的内部控制在挖掘员工创造性工作能力的同时，可能会因为理念冲突或无法认同而不能很好地统一，导致内部控制失效。因此，柔性内部控制应该优先应用于企业较高的组织层次上，或企业文化建设比较好、员工有很强认同感且是扁平组织结构的开拓型企业；而对于业务规范、组织结构层次分明且层级多的企业则不宜采用，这种情况下刚性内部控制更为有效。

何帆博士在《变量》一书的第四章中说到城市的发展与变化。中国在过去的二三十年经历的城市化是一种极其独特的自上而下的城市化，政府主导，飞速发展。这种城市化的进程变成了一种模式，似乎这就是城市化。但在最近两年，城市的扩张忽然之间慢了下来，有的城市甚至开始收缩。这时候，我们才想起在漫长的演化过程中，城市的发展是自下而上发展起来的。

所谓“城”，是指带有围墙的居民聚集区。所谓“市”，指的是市集，是人们进行物物交换或者商品贸易的地方。“市”又分好几种，最常见的两种，一种定期定地方的，又叫“集”，一种是常年开办的定地方的，又叫“坊”。现在的城市，一般都是由以上两种地方发展起来的。如天津，就是由军队驻扎的城堡发展成为大城市的，如嘉兴，就是由广泛交易的市集发展成为大城市的。

自下而上发展的城市更美，更有生命力。也许在多数人看来自下而上的生长是混乱的、无序的，但这种生长存在于城市的每一个角落，是一种遏制不住的力量，更容易被互联网等新技术赋能。很多省会城市不如非省会城市多样化以及有活力，越没中心的自下而上发展的城市越能建立更加广泛的连接。只有持续演进、自我繁殖、自我更新能量的城市才是未来引发创新与发展的城市。

城市化的发展对企业的发展和内控的发展是一种启示。目前，有些企业发展的源泉由高层逐渐向基层转移，由集体逐渐向个人转移，越发强调自下而上的组织力量，越发需要持续完善、自我更新迭代。刚性内控越发不敷管理需要，内生的柔性内控逐渐登上历史舞台。

企业也像孩子一样，每个孩子不一样，每个企业也不一样。有的孩子自我控制能力强，家长只需要不停地给他向上的引领就好；反之，有的孩子自我控制能力弱，家长就必须时刻提醒，说“不可以”，必要的时候还要给予惩罚。随着孩子的成长，家长的教育方式也应该有所转变。可以说，刚性内控决定下限，柔性内控决定上限。

随着各种管理学理论的影响，以制度为中心的刚性管理思维早已经深入人心，通过制度明确管理要求，约束被管理者的行为，操作简单又容易短期见效，这似乎已经成为所有管理者通用的法宝。只是实践经验告诉我们，光靠刚性制度进行管理只能做到合格，离组建优秀和卓越的团队还很遥远。德鲁克说：“管理的本质，其实就是激发和释放每一个人的善意。”这就要求企业组织能激发员工心中向好的那一面，通过对人的自我驱动去提高个人绩效和组织绩效。**内控刚柔并济，才能相得益彰。**

第二节　变与不变之间

古希腊哲学家赫拉克利特说，“人不能两次踏进同一条河流。”一切都在流动，都在不断地变化，不断地产生和消灭。运动是绝对的，静止是相对的。

变

随着时间的流逝，万事万物都在发生变化。永远不变的就是改变。然而，我们身处变化的场域中，能直接感知的变化并不多。能够验证这一点的是，每次我们回顾的时候，都会发现原本设计的好好的内控措施已经不适用了，实际执行已经大大超脱内控的设计了，而这就悄悄在我们眼皮子底下发生了。

既然改变是永恒的，那内控人员该怎么办呢？**走“复盘——评估——调整——稳定——复盘”的循环之路。**

复盘

复盘，本是围棋术语，指对局完毕后，复演该盘棋的记录，以检查对局中招法的优劣与得失关键。围棋高手都有复盘的习惯，这样可以有效地加深对这盘对弈的印象，也可以找出双方攻守的漏洞，是提高自己水平的好方法。

复盘这一动作会在很多场合下出现。大家都熟悉的，很多企业在项目结束后都会安排结项会议，对项目的整个过程进行回顾与总结，延续好的做法，梳理不足之处，以期下次做得更好，这就是复盘。就算在平时，一次会议结束后，一次或长或短的发言后，与老板不期而遇后，与同事争执后，我们大概都会在脑子里过一遍或几遍发生的场景，回想哪里做得不错、哪里还不够好。不过多数想的都是哪还不够好，例如，走下台才发现精心准备的十点只讲了七点，漏掉的三点中还有一点是自我感觉很得意的一点；似乎跟老板说了不该说的……这些都是复盘。通过复盘，当某种熟悉的、类似的局面再次出现在面前的时候，我们往往能够知道自己该如何去应对，在脑海中就会出现很多种应对的方法，从而对自己下一步的安排做出恰当的判断。

复盘的意义不仅在于对过去的检查、梳理与总结，还在于对将来的筹划与安排。在工作告一段落时，或者进行下一步规划时，我们可以停下来，问自己一些问题：

我们的目标是什么？

我们走在正确的方向上吗？

现在做得怎么样了？

按计划进行了吗？

如果不这样，还有其他更好的结果吗？

我们在接下来要关注的重要事项有哪些？

我们需要着手准备的事项和资源有哪些？

……

复盘很重要。一方面，可以帮助我们时刻检验自己是否走在正确的道路上，是否犯了短视的毛病，适时提醒自己关注接下来的行动要点；另一方面，还可以帮助我们将经验、心得、教训归纳成方法论，不断优化和提升下一次行动的效率。找到方法论，便事半功倍了。

方法论是一种以解决问题为目标的理论体系或系统，通常涉及对问题阶段、任务、工具、方法、技巧的论述。方法论会对一系列具体的方法进行分析研究、系统总结并最终提出较为一般性的原则。也就是说，方法论是我们用什么样的方式、方法来观察事物和处理问题。如果说世界观主要解决世界"是什么"的问题，那么方法论则主要解决"怎么办"的问题。

内控的方法论包括不相容职责相分离、授权审批、预算控制等，就是业务操作的一般方法化。我们发现，如果将财产管理与会计记录交由一个人负责，那么他要想篡改记录、侵吞资产就变得易如反掌。同样的问题也存在于授权批准职务与执行业务职务、业务经办职务与审核监督职务、业务经办职务与会计记录、业务经办职务与财产保管职务之间，于是我们总结出一般的规律，即这些不相容职责不能集中于一人，方法论就是不相容职责要分离。其他方法论也类似，都是对过去成功做法的规律总结。

评估

人们应不断盘点过去，找到方法论，找准自己的坐标，再朝向目标出发。对内控建设而言，目标是集合全员智慧，发挥全职能的作用，建立更有助于组织目标实现的运营体系。奔着这样的目标，内控部门或人员需要定期、不定期地评估当前的内控设置是否有效、当前的内控执行情况如何，找到问题的症结所在。

当前再适用的设置，时过境迁，也会变得不再适用，甚至变成业务的障碍。内控部门或人员如果不及时检查，忽视反馈体系的建设，漠视负面的反馈信息，会让原本正向的改善循环掉头向下，转为负向的恶化循环。

某公司有一项业务，单笔业务金额小、业务量大、业务标准化且处于卖方市场。为简化业务，在十多年前缴纳营业税时期，该公司财务部门便特意向税务局申请了定额发票，由客户现金交款，公司再解款到银行，并制定了一套严密的“解款——结算——对账——复核——审批”的管理流程。在很长一段时间里，其运作正常。但随着时间的变化，业务逐渐由卖方市场转变为买方市场，移动支持越来越普遍，再加上2016年5月1日起全国全面推开营改增试点，此前设计完美的现金收款加定额发票的财务开票收款模式越来越面临挑战。第一，营改增之后，客户在增值税专用发票进项税额抵扣的利益驱动下，对增值税定额发票的认可度急剧下降。第二，若全部转为增值税机打发票，财务部门缺乏相应的人手；若采用电子发票，财务部门却迟迟未上线电子发票。第三，在如今这个人们带手机就出门鲜少用到现金的年头，客户对现金支付表示抗拒。这就与企业为客户提供价值的经营目标背道而驰了。

从这个例子里我们可以很直观地感受到，内控制度再好，可随着内外部环境的变化，也会不再适用，所以必须做出改变。

调整

内控部门或人员应完成评估程序，对需要调整制度的应及时进行调整，制订调整计划。针对上个例子中出现的问题，内控部门或人员应首先制订已购定额发票的消耗计划，着手联系税务系统确认电子发票的开具事宜，联系移动支付提供商确认移动支付服务事宜，涉及内部管理信息系统的则需与系统开发与维护人员对接完成业务操作端、财务系统端和移动收款端的信息对接与交换，还要制定从整个项目的试用到正式上线的进度安排等。内控部门或人员应一边进行实际操作的改变，一边进行内控手册等制度流程层面的修改，直到达到设计与执行的有效统一。

稳定

在这一切都做完之后，该部分业务的内控便会进入新的平衡状态。直到下次复盘时，发现新的情况，进入下一轮的循环。

不变

以上关注的是变的部分，即绝对运动，还有不变的部分，即相对静止。企业的内控永远在平衡与不平衡之间转换，在不变与变之间转换，也就是说，既要考虑内控的适应性，也要考虑内控的稳定性和延续性。

内控部门或人员应定期检查回顾，这个期限以一年为宜；中间应再穿插专项检查，对特定职能的内控进行单独整理与要求。

有人会说，我就是这么做的，会定期回顾和专项检查，但内控运行年复一年、日复一日都没变化啊，我甚至不知道接下来还能做什么，这是怎么回事？

常年做内控的人，有时候会发现：做着做着，就不知道该做什么了，很容易陷入停滞。督促职能部门建立制度，拿着清单逐个点检，定期进行内控自评，再定期更新风险事件库，很多内控人员除了这些不知道还能做什么，看不到内控工作的价值，自己也没有成就感。这反映出两个问题。第一个问题，目标没有找准。**内控变与不变取决于企业组织目标的状态，而不是定期检查与专项检查等行为**。第二个问题，内控变成了无源之水。“问渠那得清如许，为有源头活水来。”**内控的“源头”和“活水”来自业务**。内控人员要想把内控做好，一定要深入了解公司本身的业务活动，包括销售、生产制造、财务、采购、人力资源等模块的运作，因为这才是内控的土壤。

第三节　几组平衡

宇宙万物在自然力量的作用下处于“平衡——不平衡——新平衡……”的循环过程中。万物从平衡到不平衡，从不平衡到新平衡；平衡中有不平衡，不平衡中有平衡。事物总是从一种平衡到不平衡，再到新平衡的螺旋式循环中得以发展的。哲学中的“平衡”，是指事物处在量变阶段所显现的面貌，是绝对的、永恒的运动中所表现的暂时的、相对的静止。

万物出于求生存的本能会寻求自我平衡，系统内部结构的自我平衡，即为适应环境而达成的内部结构平衡。企业的内控可以增强系统内部结构趋向平衡的程度，或加速系统内部结构趋向平衡的进程。在内控的建设与完善过程中，需要重点关注如下几组平衡。

职能模块的平衡

企业若要正常运营，离不开各个职能的分工与协作。无论是按九大业务循环分，还是按《企业内部控制应用指引》中所列的 18 项业务分，或者按其他分类方法分，企业的职能模块都有很多种。每个企业的优势各有不同，有的强在市场开拓，有的强在客户服务，有的强在技术开发，有的强在后台支持系统。相对于优势职能而言，各个企业势必也存在劣势职能。

在工业化时代，“木桶理论”十分盛行：一个木桶能装多少水，取决于最短的一块板。于是，大家拼命补短板。进入互联网时代，一个企业似乎没有必要精通一切，如果财务不够专业，可以聘用比自己更有优势的会计师事务所；如果在人力资源的管理上有所欠缺，可以聘用猎头或者人力资源咨询机构；如果市场、公关是短板，有大量的优秀广告和宣传公司为你度身定做宣传策略……我们几乎可以把一切非核心的业务外包，如将财务外包、人力资源外包、生产外包、研发外包等。有人认为，现在的企业只需要有一块足够长的长板，以及一个有“完整的桶”的意识的管理者，再加上足够的流程整合与平衡能力，就可以补齐自己的短板，装更多的水。

要使以上三个条件都具备不是一件容易的事，尤其是最后一项：足够的流程整合与平衡能力。平衡是我们追求的，但永远不可能达到，尽力做到职能模块的相对平衡即可。正常情况下，我们都处于失衡状态之中。

在制造型企业中，制造部门会追求生产线平衡（Line Balance）。生产线平衡就是对生产的全部工序进行平均化，调整作业负荷，以使各作业时间尽可能保持相近的技术手段与方法。其目的是消除作业间不平衡的效率损失以及生产过剩。企业可通过对生产线的全部工序进行负荷分析，通过调整工序间的负荷分配使各工序达到能力平衡（作业时间尽可能相近），这种技术手段与方法能够最终消除各种等待浪费现象，提高生产线的整体效率。这种改善工序间能力使之平衡的方法又称为“瓶颈改善”。

在内控实践中，企业应以培养长板为先，推动长板的发展，再以长板的发展拉动短板的提升，以实现职能模块的动态平衡。这也需要与企业的战略选择相匹配，企业应针对不同的战略期间选择不同的长短板职能模块，这会体现为职能模块的阶段性失衡。从企业的发展阶段来看，在企业的初创期和成长期，市场开拓板块会是最强的，内部管理板块则相对较弱，此时只需保证不造成瓶颈即可；随着企业进入成熟期，内部管理板块则会得到加强，有些甚至成为保障企业运营成功的长板。

以上是从纵向分割的角度看企业中的各个职能模块的平衡。若从横向剖面的角度看每一个流程上各项职能的平衡，则是另一番情形。我们首先要抛弃“行政审批流”的做法，而使用“专业审批流”的做法。所谓“行政审批流”，就是企业对分支机构的各个职能模块先要审批一遍，然后对总部的各个职能模块也要审批一遍，审批环节多，流程长，试图从行政隶属关系上把所有职能全部罗列进去。与此对应的是现代流程管理主导的“专业审批流”，该主张认为试图以完整的行政审批链来“保障”流程的可靠是不可能的。这样看上去审批环节多，但每个环节中的人员都认为上一个环节已经审了，就不会再仔细审，结果一级信一级，到最后等于没怎么审，还没有人真正负责。于是“专业审批流”提出只需要进行相关的专业岗位审批就好了。

对采购合同管理流程来说，采购部门对合同中的采购业务部分内容（如供应商、采购商品或服务、价格、交期等）进行审核，法务部门对合同中的法律部分内容（如合同主体信息、违约责任约定、争议解决方式等）进行审核，财务部门对合同中的财税部分内容（如发票开具、款项支付方式等）进行审核，最后再由拥有适当权限的管理人员进行总的审批即可。这样，审批的环节大为减少，分支机构和总部的非直接相关的职能部门不再加入审批的流程，大大提高了审批的效率，同时每个职能模块各负其责，万一出了问题也责任清晰。虽然流程的顺利推进离不开流程上各职能模块的配合与支持，但从职能的平衡上来看，各职能模块在责任上应有所区分，同时相互制约，以保持相对平衡。

制度与流程的平衡

说到内控，必然离不开制度，离不开流程。但是什么是制度，什么又是流程？它们之间到底有什么区别，又有什么联系？概括来说，制度与流程其实在本质上没有什么区别。

制度一般指要求大家共同遵守的办事规程或行动准则，也指在一定历史条件下形成的法令、礼俗等规范。不同的行业、不同的部门、不同的岗位有其具体的做事准则，使各项工作按计划按要求达到预设目标。

流程是指由两个及以上的业务步骤，完成一个完整的业务行为的过程，其强调对工作事务的次序或顺序的布置和安排。流程的组成要素有活动流向顺序、工作环节、步骤和程序。

广义上说，我们可以将制度和流程都称为“制度”，流程是一种比较特殊的“制度”。当然，这只是一家之言。理论界总有一些争论，到底是制度包含流程，还是流程包含制度一直都没有定论。个人觉得这些争论的意义不大，最重要的是把两者的特征和应用场景理清楚。

对于存在一定工作顺序的管理活动或存在逻辑判断的管理规则，内控部门或人员可以用流程来描述，用流程图来呈现，简明易懂；而对于不存在工作顺序的管理活动或没有逻辑判断的管理规则，可以统统将其装进制度的“筐”里。我们不用太纠结于制度和流程的界限，不必纠结于谁涵盖谁，更没有哪项活动非得用流程表达或哪项业务非得用制度来表述。以哪种形式表达最清楚，就用哪种形式表达。以哪种形式表达最完整，就用哪种形式表达。若在制度中出现了流程，或在流程中夹杂了规则描述、惩罚条款，也无关紧要。

所谓“制度和流程的平衡”，就是制度和流程所表达内容的平衡。也就是说，既要有职能分类、权限划分、撰写规则、奖罚规定等制度性规定，也要有工作顺序的流程性描述，否则难以落地执行；既要有工作顺序的流程性描述，也要有流程中涉及的规则、奖罚、时限等制度性规定，否则流程缺乏内涵。

至于制度如何写、流程如何设计，我不在这里赘述。总体来说，我们要了解制度和流程的特征与应用场景，同时始终清醒地认识到制度和流程的设计初衷，从企业运营管理的需要出发，摒弃误区，使制度和流程在企业内控中发挥出应有的作用。

规划与设计的平衡

内控部门在组织内部充当的是“划线人”，负责组织管理的布局谋篇，负责具体的推动与操作。这两项任务的分布符合“二八原则”，“规划”的工作量占两成但重要程度占八成，“设计”的工作量占八成但重要程度只占两成。我们太容易限于业务性的工作，只顾埋头拉车而忘了抬头看路，“做正确的事”远比“正确地做事”更重要。有时候，这也不是内控人员或内控部门的错，毕竟有些规划并不是内控能决定的，内控从一开始可能就被规划成了负责“设计”的内控。

有些企业组织中的内控有“重设计，轻规划”的倾向。抛开以上所说的职责受限的不可控的情况不说，在可控的范围内，内控人员也容易直接扑向具体的内控设计，而忽视对内控的整体框架、不同内控区块之间逻辑关系的关注。这是内控设计的大忌，也是做一切事情的大忌。方向都没把握好，框架都没有搭建，就“填充血肉”，很容易“眉毛胡子一把抓”，难以保证目标的达成。内控部门或人员应该先把框架想清楚，再把内控不同模块之间的关系理清楚，然后再进行具体的内控设计，如制度和流程的编写，最后才需要推动内控的执行。唯有这样，才能把组织里的线划清楚，达成内控目标。

曾有同行问了我一个问题，“我要怎么设计我们部门的考核办法？有可以参考的文档吗？”我问他，他所在的企业的长期战略对内控部门职能有什么要求、管理层对内控部门有什么期待、想从哪些方面考核内控部门的职责，结果他一问三不知，只说需要包括内控、内审、法务这几块职责。这是一种典型的“只知设计，不知规划”的情形。

有“只知设计，不知规划”的情形，当然也有“只知规划而不知设计落地”的情形。说起来头头是道，看上去光鲜美好，可惜没有脚踏实地，是“飘着”的，没办法落地执行。虽然规划很重要，但设计也绝不可偏废。所有的好点子，都得做出来才有实际的意义。

唯有恰当的内控筹谋规划，再加以有效的内控设计执行，才能让规划与设计相辅相成。

合规与效率的平衡

笔者公司内部曾有个团队共创的项目。在某次活动中，有一个环节是让参与部门从部门的角度提一个关于共创主题的可行的行动计划。内审部门提的是：适度关注监管部门的合规要求，以免被要求执行不合适的合规控制。这竟然获得了不少人的认同。客观地讲，监管部门已经很关注公司业务的实际执行了，并没有刻意地提过分的合规要求。也难怪，毕竟合规和效率是天平的两端。

内控是一项权衡利弊的工作，要两害相权取其轻。合规和效益效率之间永远都在不停地较量。合规重要吗？重要。但还有更重要的。所谓“皮之不存，毛将焉附”，效益和效率是企业组织运行的根本保障，不能为了合规而合规。但另一方面，没有合规也不行。若说效益和效率是激励因素，那么合规就是保障因素。如果说效益和效率是油门，决定了企业是否往前走，应该走多快；那么合规就是刹车系统，保证企业不致走得过快而翻车。

企业为适应环境会不断地进行内部结构的调整，以期达到自我平衡。**内控需要在各个职能模块之间、制度和流程之间、规划与设计之间**

及合规与效率之间寻求适当平衡，以使企业的平衡态得到保持并持久，或在必要的时候将企业拖出平衡陷阱，以局部的、阶段性的不平衡态，促使企业走上正向发展的循环。

要点提示

1. 制定了制度，实现了有“法”可依；一切按制度规定走，解决了有“法”必依；那么执行则要做到执“法”必严、违“法”必究。这就是内控刚性的一面。
2. 内控的刚性不仅包括执行的刚性，还包括设计的刚性，既有明确的硬性规定，也有允许范围内的合理裁量。
3. 有制度以制度为准，若制度本身不合理，则先执行，再提出修改建议和意见，进行修订与完善。
4. 内控刚柔并济，才能相得益彰。
5. 世间万物都是绝对运动、相对静止的，时刻处于变与不变之间。
6. 改变是永恒的，可以走“复盘——评估——调整——稳定——复盘”的循环之路。
7. 既要考虑内控的适应性，也要考虑内控的稳定性和延续性。
8. 内控变与不变取决于企业组织目标的状态，而不是定期检查与专项检查等行为。
9. 内控的“源头”和“活水”来自业务。
10. 内控需要在各个职能模块之间、制度和流程之间、规划与设计之间及合规与效率之间寻求适当平衡，以使企业的平衡态得到保持并持久，或在必要的时候将企业拖出平衡陷阱，以局部的、阶段性的不平衡态，促使企业走上正向发展的循环。

心/得/与/思/考

第九章

案例解析

A 市 B 公司是一家中小型服务业公司，属轻资产运营，规模并不大，员工数量也不多，以深耕区域市场为主，其技术、管理模式、人员素质均无特别的长板或短板之处，在技术上甚至略显弱势。但其在专业领域内业务相对领先，近年来 B 公司的商业模式逐渐成为同行参观、学习、借鉴的典范之一。基于此，B 公司陆续承接了多地多个对外咨询项目、培训项目和合作项目。为保证项目的质量和项目的顺利开展，也为经验的复制与传承，公司通常选择外派项目负责人负责平衡过渡与交接离手事宜。

目前，有一个异地合作项目的合作方与 B 公司商讨在其所在地成立合资公司。对方意在更深入地借鉴学习，也可以快速地推动服务面市；而 B 公司通过设立合资公司可以分享当地市场，也可以据此做新的战略性尝试。双方同意新成立的合资公司股权由 B 公司占比 51%，处于控股地位，负责合资公司的运营与管理。

其余相关背景资料如下。

B公司的人力资源断层现象明显。员工的能力结构缺陷大，要么偏业务型，要么偏内部管理型，综合型人才难觅。部门负责人这一层的中层管理者及相当能力的员工数量有限，可以用于外派的人员屈指可数，同时继任者不足，接班人计划还在议事日程中。同时，关键岗位的核心人才流动频繁。

B公司的管理信息系统为定制化的系统，已成熟地服务于B公司的整体经营。但因为所在行业的服务并无一定标准，各项服务之间差异比较大，需定制开发的比例高。

B公司有志于此类业务的开拓，认为此类合作项目还将不断出现。作为B公司的内控部门，针对此情形，该如何处理呢？

顶层设计

B公司的内控人员首先需要研究所在国家政策、行业的发展趋势、公司中长期战略、近年来的业务构成等，综合分析类似的市场需求和投资合作是否还将持续，是否可能获得快速增长，以整体上把握B公司的内控需求。再对公司进行内控能力和企业战略所需要的能力盘点，找出差距，确定具体内控需求。最后，结合B公司的实际情况为决策机构提供解决方案建议。

从整体上判断，B公司的现有能力难以为长期的发展战略提供足够的支持。公司的未来发展需要具备必要的投资管理能力、战略规划能力、集团化多地办公的财务与法务支持能力以及合格的人力资源供应能力。

B公司的投资管理能力是其要面对的第一块短板。B公司作为一家本地化的公司，其竞争力局限于一地，甚至没有管理子公司的经验，更没有操作合资公司的经验。合资条件怎么谈，如何投资成立新的合资公司，合资公司的控制权如何把握，投资后怎么管理，这些并不是财务的三张报表便可以全部囊括的，这对B公司来说是完全陌生的领域。有合资公司这一层架构的存在，B公司的角色就由管运营扩展到管资本了，如何扮演好股东的角色是一个挑战。

B公司要面对的第二块能力短板是独立业务的运营管理能力。业务项目的合作是一次性的、短期的合作，通常大多关注业务层面即可。而子公司或合资公司式的合作则为长期的持续性的合作，需要作为一个独立的业务单元去运作，需要关注业务层面、财务层面、内部管理层面等，使其拥有持久的创造利润的能力。无论是公司的过往运营经验，还是公司的现有人员的知识结构与能力，均不足以支撑合资公司的独立运营。特别是在人力资源方面，缺陷明显。

B公司要面对的第三块能力短板是总部管理能力。因为B公司的产品为非标准化的服务业产品，所以B公司势必会深度介入合资公司的管理。产品的研究与开发、客户关系的维护、对控股公司的财务控制或相应的财务等后台支持等，都对公司提出了挑战。而在管控方面，数据从哪来，其真实性、及时性如何保证等，也是关注的重点。

B公司的内控需求清单如表9-1所示。

表9-1　B公司的内控需求清单

序号	分类	内控需求	等级
1	投资管理	投资管理制度修订	Ⅲ
2	投资管理	投后管理的完善	Ⅱ
3	战略管理	异地行业、产业、经济等宏观政策研究	Ⅲ

（续表）

序号	分类	内控需求	等级
4	管理信息系统	合资公司运营系统的架设	Ⅱ
5	管理信息系统	系统数据统计、分析能力的提升	Ⅱ
6	市场方面	新业务孵化情况监控措施完善	Ⅲ
7	运营管理	合资公司及其负责人考核管理制度修订	Ⅲ
8	运营管理	业务项目管理的标准化、模型化	Ⅱ
9	运营管理	外派人员的选择、培训和管理	Ⅱ
10	财务管理	异地财税、社保等政策的把握	Ⅱ
11	法务管理	外部法律顾问单位的接洽与选择	Ⅰ

这份内控需求清单列出了B公司未来主要的风险所在及其对应可采取的措施。B公司应对目前尚为空白的部分予以填补，如投资管理的制度撰写、投资后管理、子公司运营系统的架设等；对有新变化的部分予以修改与提升，如系统数据的统计与分析、业务项目管理的模型化等；对专业类的事务则可以考虑通过引入咨询顾问或进行业务外包来解决，如引入有投资知识与经验的外部顾问（包括投资、法务、财税）参与谈判过程，提供决策参考等。

内控部门需要与公司的董事会或高级管理层或类似决策机构确认该份内控需求清单及其详细的建议方案的合理性和可行性，并明确内控职能在对外合作业务中的功能定位，同时取得相应的授权和资源。

数据底层设计

合资公司的管理信息系统是其运营和管理的基础，也是B公司进行管理与控制的窗口与监管的渠道。因此，管理信息系统的搭建是最重要的一环，在一定程度上决定成败。

基于业务特性，不同的业务项目既有共通的一面，又有不同的一面。因此，B 公司可以在现有系统模块的基础上，加以定制化的二次开发，以适应不同项目或合资公司的业务操作和客户需求。在后台管理系统上，其财务收付款、人力资源等操作流程则宜以 B 公司现有流程为准，最多针对地方性财税要求、薪资架构、社保等方面的差异加以参数性的修改与调整。

对于管理信息系统中最重要的数据，我们则需要关注数据的获取与保护。在数据的获取方面，需要特别提醒的是，应将控制点设置在流程必经的环节上，以保证数据的有效采集和持续更新。在数据的保护方面，B 公司可以采用数据的分类分层管理方式，提高数据安全的风险等级。虽然服务器的部署在云端有快速、稳定、经济等优势，但为企业发展的长久计，仍建议采用本地部署，除非 B 公司的技术实力不足。

运营中间层设计

对于运营中间层的设计，B 公司内控部门比较理想的切入点是研究确定新设合资公司的运营方案或管理信息系统设计方案。介入的时间点则越早越好。否则，一来返工修改的工作量大，二来容易因迁就初始设计而走样。

对于人力资源方面的断层问题，B 公司一方面可以通过培训提升和拓展人员的理论知识，另一方面可以通过提供横向的、非正式的项目为潜在委派人员提供实操锻炼的机会和平台。对于合资公司负责人的委派存在人才断层这一现象，直接招聘一位合资公司的总经理是一个途径，但有不熟悉公司业务和运营模式的重大缺陷，所以非万不得已不考虑。

如果合资公司距离B公司的车程在半天以内，可以考虑派驻一个业务能力强的老员工，同时由B公司相关部门和人员提供援助，给外派人员以学习成长的时间；若异地公司较远，则可以考虑派驻两位技能互补的人员，分工合作。在解决当下需求的同时，B公司内控部门或人员有必要提请公司加快人才培养以尽快解决人才断层的问题。

子公司的后台支持部分（包括财务、人力资源、法务、内控、内审等）可以由B公司的后台支持部门承担，由合资公司支付相应款项给B公司。合资公司的职能部门以业务部门为主，保留个别业务发生高频的、必要的岗位，如出纳、行政、前台、与B公司进行必要联络的岗位等，由一到两人承担即可。考虑到子公司与B公司的联系和企业文化传承，可以采用让合资公司人员定期、不定期到B公司交流学习，与B公司对口部门人员多一些接触和面对面交流等措施。

B公司宜对子公司采取相对严格的、紧缩的强控制方式，如事务性审批权的集中统一、财务管理权的集中统一、按管理上限执行等。在保持刚性控制的同时，B公司的内控部门也需要投入精力多做辅导，而不是下发一份既有的B公司的管理制度和操作流程，把所有责任都推给派驻负责人就万事大吉了。“扶上马，再送一程”是必要的。如果评估结果显示合资公司具备独立运营的能力，或强控制不利于合资公司发展，或合资合同中有不支持如此管理的条款等，可适当予以放宽。

除此之外，内控部门还需熟悉合资公司的业务，将内控的人际圈层扩展到合资公司中去，关注其发展变化。管理信息系统可以采集合资公司的运营数据，但数据的真实性、及时性、完整性还需要进一步核实，如定期汇报、不定期不定项审计等。内控人员应综合所有信息，适时评估风险，完善内控制度和操作流程，使其早日建立起内生性的内部控制体系。

这是一个相对简化的案例，但是相信这样的情形在各个公司都会存在，无论公司规模大小。公司总是在平衡态和非平衡态之间不断转换，总会不断发现一些薄弱环节，不断地予以补足。内控部门或人员要关注公司战略规划与重大业务计划，观察与洞悉完成公司战略所需要的能力，及时修正内控的方向，增加与调整内控需求清单。内控人员要有一定的敏感度，及早抓住可能变成企业未来薄弱环节的部分，适时介入，统筹规划，完善投资管理相关制度，提供管理建议和方案，并推动执行。

心/得/与/思/考

后记

现代管理学之父彼得·德鲁克认为“管理是一种实践，其本质不在于‘知’而在于‘行’；其验证不在于逻辑，而在于成果”。内控本身是一门实践的科学，要有学习，更要有实践。说得再有道理、再“天花乱坠”，也不如行之有效的实践有说服力。

一个国家的经济政策，要靠自己慢慢琢磨，别人给你开药方，多半会水土不服。企业的内控建设也是如此，多学习、多讨论、多交流固然重要，但如何与所在企业结合起来，进行尝试，找到适合自身的内控之路更加重要。

小说《省委班子》里的普天成说：“机会是啥，机会就是你摸爬滚打中突然闪出的那道亮光，是你苦苦求索中蓦然发现的那座独木桥，而绝不是天上掉馅饼。雨后彩虹是雨后才能出现的，山重水复疑无路，柳暗花明又一村，先是山重水复，后才是柳暗花明。如果你想把前面的省略掉，那么后面出现的，也只能是海市蜃楼，是幻景。”换成企业内控，换成任何事情，都是如此。从实践中来，到实践中去。企业的存在与发展，为企业内控提出了问题，为企业内控提供了源源不断的、鲜活的素材，也为企业内控提供了实践的平台。

内控之路漫漫，你我共求索！